A mon Président de Thèse,

Monsieur le Docteur G. MORACHE

Professeur de Médecine légale à la Faculté de Médecine de Bordeaux,
Commandeur de la Légion d'honneur, Officier de l'Instruction publique, etc.,
Membre associé national de l'Académie de médecine.

Je prie mon père, ma mère, et tous ceux qui, n'étant plus, m'ont entouré de leur profond amour, d'accepter comme un dû la dédicace première de mon premier travail. J'unis donc ici, en même gratitude, les souvenirs aimés de mon grand-père et de ma grand'mère Lalance, de mes oncles, les docteurs Charles Cras et Emile Lossouarn, médecins de la marine. J'y ajoute ma très proche affection pour ma petite sœur, ma tante Lossouarn et tous les chers miens.

Je leur dois trop pour m'acquitter jamais.

Victor Ségalen.

Bordeaux, 26 Janvier 1902.

FACULTÉ DE MÉDECINE ET DE PHARMACIE DE BORDEAUX

ANNÉE 1901-1902　　　　N° 60

L'OBSERVATION MÉDICALE

CHEZ

LES ÉCRIVAINS NATURALISTES

THÈSE POUR LE DOCTORAT EN MÉDECINE

présentée et soutenue publiquement le 29 Janvier 1902

PAR

Victor-Joseph-Ambroise-Désiré SÉGALEN

Elève de l'Ecole principale du Service de santé de la Marine

Né à Brest (Finistère), le 14 janvier 1878.

Examinateurs de la Thèse	MM. MORACHE,	professeur....	Président.
	ARNOZAN,	professeur....	
	LE DANTEC,	agrégé.........	Juges.
	RÉGIS,	ch. de cours.	

**Le Candidat répondra aux questions qui lui seront faites sur les diverses
parties de l'Enseignement médical.**

BORDEAUX

IMPRIMERIE Y. CADORET

17, Rue Poquelin-Molière, 17

1902

FACULTÉ DE MÉDECINE ET DE PHARMACIE DE BORDEAUX

M. DE NABIAS............ Doyen. | M. PITRES,... Doyen honoraire.

PROFESSEURS

MM. MICÉ......................)
DUPUY................:.... } Professeurs honoraires.
MOUSSOUS..............)

MM.		MM.
Clinique interne...... { PICOT. PITRES.	Médecine légale............	MORACHE.
	Physique médicale.....	BERGONIÉ.
Clinique externe...... { DEMONS. LANELONGUE.	Chimie................	BLAREZ.
	Histoire naturelle......	GUILLAUD.
Pathologie et thérapeu- tique générales..... VERGELY.	Pharmacie............	FIGUIER.
	Matière médicale........	DE NABIAS.
Thérapeutique........ ARNOZAN.	Médecine expérimentale.	FERRE.
Médecine opératoire... MASSE.	Clinique ophtalmologique	BADAL.
Clinique d'accouchements..... LEFOUR.	Clinique des maladies chirurgicales des enfants............	PIÉCHAUD.
Anatomie pathologique COYNE.		
Anatomie........... CANNIEU.	Clinique gynécologique.	BOURSIER.
Anatomie générale et histologie,........ VIAULT.	Clinique médicale des maladies des enfants.	A. MOUSSOUS
Physiologie.......... JOLYET.	Chimie biologique......	DENIGÈS.
Hygiène............ LAYET.	Physique pharmaceutique......	SIGALAS.

AGRÉGÉS EN EXERCICE :

SECTION DE MÉDECINE (*Pathologie interne et Médecine légale*).

MM. SABRAZÈS.	MM. MONGOUR.
Le DANTEC.	CABANNES.
HOBBS.	

SECTION LE CHIRURGIE ET ACCOUCHEMENTS

Pathologie externe { MM. VILLAR.
CHAVANNAZ.
BRAQUEHAYE
BÉGOUIN. }   Accouchements { MM. FIEUX.
ANDÉRODIAS. }

SECTION DES SCIENCES ANATOMIQUES ET PHYSIOLOGIQUES

Anatomie....... { MM. GENTES.
CAVALIÉ. }   Physiologie.......... MM. PACHON.
Histoire naturelle..... BEILLE.

SECTION DES SCIENCES PHYSIQUES :

Chimie............... M. BENECH. | Pharmacie............ M. DUPOUY.

COURS COMPLÉMENTAIRES :

Clinique des maladies cutanées et syphilitiques............	MM. DUBREUILH.
Clinique des maladies des voies urinaires	POUSSON.
Maladies du larynx, des oreilles et du nez..............	MOURE.
Maladies mentales......................	RÉGIS.
Pathologie externe.:.................	DENUCÉ.
Pathologie interne....................	RONDOT.
Accouchements......................	FIEUX.
Physiologie........................	PACHON.
Embryologie.......................	PRINCETEAU.
Ophtalmologie.....................	LAGRANGE.
Hydrologie et minéralogie.............	CARLES.
Pathologie exotique..................	LE DANTEC.

Le Secrétaire de la Faculté : LEMAIRE.

A Monsieur le Docteur **CHEVALLIER**

Médecin en chef de la Marine,
Sous-Directeur de l'Ecole principale du Service de Santé,
Chevalier de la Légion d'honneur.

A Monsieur le Docteur Maurice de **FLEURY**

Ancien Interne des Hôpitaux.

A MES MAITRES DE LA MARINE ET DE LA FACULTÉ

A MES AMIS

A MES CAMARADES DE LA MARINE ET DES COLONIES

AVANT-PROPOS

D'aucuns, à l'heure actuelle, peuvent contester l'utilité prati-
que du dernier échelon menant au doctorat, en signaler l'artificiel, et comment il se réduit souvent à un simple problème
de typographie courante : extraire d'un nombre minimum de
pages manuscrites une somme maxima de feuillets imprimés.
Même à ce point de simplification, il nous paraît garder cette
indéniable utilité de donner à son auteur une occasion publique
de manifester sa gratitude à l'égard de tous ceux qui lui furent
bienveillants, efficaces et doux, de lui permettre un partiel
acquittement de la dette accumulée, — et, ayant reçu pendant
vingt années, de rendre à son tour.

Nous adressons donc, à tous nos maîtres de la Marine et de
la Faculté, ce premier remercîment : de nous avoir ouvert la
voie intellectuelle la plus féconde et la plus vraie, cet Art Médical dont le champ s'élargit tous les jours.

M. le Professeur Morache, par l'allure hautement et large-
ment philosophique de ses leçons magistrales — pleines d'*Idées*,
non de *formules* — reste en particulier notre initiateur immédiat. Pour la bienveillante sympathie de son accueil et le patro-

nage de ce premier travail, nous ne saurions trop l'assurer de notre respectueuse et très profonde gratitude.

Pour en être moins proches, les conseils très bienveillants de M. le Dʳ Maurice de Fleury, trait d'union vivant — et combien spirituel — entre le monde des artistes et celui des savants, ne nous furent pas moins efficaces.

Et efficaces aussi, les recours innombrables à la « *Chronique médicale* », la curieuse revue en laquelle M. le Dʳ Cabanès — qui nous fut d'ailleurs personnellement favorable — répand des trésors d'érudition.

Erudition encore, et combien sympathique et lucide, avons-nous trouvé près du Dʳ Louis Laurent, médecin de la marine, qui s'intéressa, comme siennes, à nos propres recherches ; autorité du maître, enfin, de la psychologie clinique actuelle, près de M. le professeur Pierre Janet dont nous étions depuis longtemps l'admirateur respectueux.

Ils sont nos maîtres, aussi, ces précieux artistes qui, nous permettant une communion directe avec leurs personnes, nous furent hospitaliers et bons : M. Huysmans, en son apaisante retraite de jadis, à Ligugé, M. Rémy de Gourmont, en son ermitage parisien, M. Saint-Pol-Roux dont la demeure bretonne nous fut si accueillante, ont été trop bienveillants pour ne pas leur en affirmer une fois encore notre profonde reconnaissance.

Enfin, nos amis très proches : Emile Mignard, Pierre Richard, Georges Varenne, André Demelle et Louis Lossouarn, qui furent, en ce travail, nos dévoués auxiliaires, ont droit à un très affectueux merci.

⁎

Le projet primitif de cette étude était double : Il comportait, d'abord, un essai de critique médico-littéraire, spécialité nouvelle dont M. le Dʳ de Fleury est, à l'heure actuelle, le protagoniste averti (1). Nous voulions, adepte de sa technique, tenter l'analyse des tableaux de pathologie mentale relevés — innom-

---

(1) M. de Fleury, *Introduction à la médecine de l'esprit.*

brables — dans notre actuelle littérature, mettre en relief la
valeur des névroses considérées comme matériaux artistiques (1),
esquisser, en un mot, une brève *Esthétique des Idées-malades*.

Puis remontant de l'œuvre à l'ouvrier, nous nous proposions,
en une seconde partie, de détailler les différents modes d'observation technique par lesquels un littérateur soucieux du vrai et
désireux de science scrupuleuse, pouvait en acquérir les exactes
notions.

Nous n'avons, de ce plan total et complexe, retenu, pour thèse
inaugurale, que cette seconde partie, comme plus susceptible,
par sa documentation restreinte, et ses limites arrêtées de cadrer
avec les formules universitaires courantes, sans préjudice, d'ailleurs, de l'étude primitive que nous espérons sous peu rétablir
en son intégralité.

---

(1) Et nullement dans leurs rapports avec la mentalité des auteurs.

L'OBSERVATION MÉDICALE

CHEZ

LES ÉCRIVAINS NATURALISTES

INTRODUCTION

L'ÉCOLE DU « DOCUMENT HUMAIN »

Vers le milieu du siècle, il souffla comme un grand désir de vérité, car la science — dont l'objet est le vrai — étant restée jusque là spéculative, devenait d'utilité palpable, industrielle et efficace. On tenta de transporter à l'esprit les bienfaits dont on la voyait adoucir la vie matérielle. Puis, très vite, la recherche du vrai s'affranchit des tendances utilitaires de son origine, se justifia comme application désintéressée aux choses de l'art des méthodes scientifiques nouvelles.

La formule se résuma d'un mot : le *document humain* ; l'exact équivalent du *Fait*, du *Phénomène*, matériaux élémentaires de toute science concrète. L'expression verbale en appartient aux frères de Goncourt, qui, à plusieurs reprises, en revendiquèrent la paternité.

« Je veux faire, affirme Ed. de Goncourt, un roman bâti sur *documents humains* »; et, en note, « cette expression, très blaguée dans le moment, j'en réclame la paternité, la regardant, cette expression, comme la formule définissant le mieux et le plus significativement le mode nouveau de travail de l'école qui a succédé au romantisme : l'école du « *document humain* » (1).

Ce désir du *vrai* avait déjà hanté Balzac. Mais son œuvre, désuète de l'aveu même de Flaubert, reste éparpillée et bien peu documentaire.

Plus efficace et immédiate fut l'influence de Taine. Elle demeure initiatrice du mouvement réaliste : « De tout petits faits bien choisis, importants, significatifs, amplement circonstanciés et minutieusement notés, voilà aujourd'hui la matière de toute science ». Ce n'était plus tendance imprécise mais un programme complet qu'agitaient ces trois lignes (2). Il venait merveilleusement à son heure. On sait quel en fut l'incroyable fécondité, et comment, à l'appel de Taine se noircirent furieusement les carnets de notes de nos romanciers, et comment s'organisa cette chasse folle aux « petits faits » dont il avait le premier lucidement indiqué la piste.

Parmi le nombre infini de « documents humains » offerts par la nature à leurs investigations, les *naturalistes* (3) s'aperçurent bientôt que tous n'avaient pas une égale signification ni valeur expressive; qu'il en existait une catégorie particulièrement féconde, les documents *pathologiques,* et s'y complurent. Volontiers, ils étendirent leurs relations dans le monde médical; l'hôpital devint un de leurs champs favoris d'enquête, et leur bibliothèque s'ouvrit toute grande aux traités cliniques les plus rébarbatifs.

Tout cela est encore histoire des lettres, et le serait stricte-

---

(1) Ed. de Goncourt, préface de La Faustin, Charpentier, 1882, p. 2.
(2) Taine, préface de l'*Intelligence*, I (Hachette, édit.).
(3) Toujours inspirés de Taine.

ment resté malgré les incursions médicales les plus avancées (1),
si les nouveaux savants, fiers du titre arrogé, n'en avaient im mé-
diatement tiré les conclusions suivantes :

« Aujourd'hui que le roman s'élargit et grandit, qu'il com-
» mence à être la grande forme sérieuse, passionnée, vivante de
» l'étude littéraire et de l'enquête sociale, qu'il devient par l'ana-
» lyse et la recherche psychologique l'histoire morale contempo-
» raine, aujourd'hui que le roman s'est imposé les *études* et les
» *devoirs* de la science, il peut en revendiquer les *libertés* et les
» *franchises* » (2), et treize ans plus tard, Edmond de Goncourt
insistait encore : « Ces libertés et ces franchises, je viens seul,
» et une dernière fois peut-être, les réclamer hautement et bra-
» vement pour ce nouveau livre écrit dans le même sentiment
» de curiosité intellectuelle et de commisération pour les misè-
» res humaines » (3).

Il va nous suffire, pour justifier notre actuelle étude, de ren-
verser presque symétriquement les termes. Puisque, dirons-nous
donc, là technique de toute une école littéraire s'est réclamée
des « libertés et des franchises » de la *science,* et en particulier
des droits du *médecin,* il n'est pas déplacé à la *science médicale*
d'apprécier la mesure dans laquelle cette école a tenu ses promesses, compris ses devoirs professionnels, conduit ses investigations cliniques, justifié, enfin, les droits arrogés.

C'est ce que nous allons tenter d'évaluer.

***

Notre étude pivotera tout entière autour du DOCUMENT HUMAIN
(pathologique) et comprendra l'analyse :

1° Des *qualités* nécessaires à la recherche de ce document
humain.

---

(1) Quels que soient les matériaux exploités (science, médecine), l'art renferme
suffisamment d'éléments irréductibles, pour échapper à une analyse actuellement
complète.

(2) Edmond et Jules de Goncourt, *Préface de Germinie Lacesteux,* 1864.

(3) Edmond de Goncourt, *Préface de La Fille Elisa,* 1877.

Chap. Ier : Les qualités cliniques.

2° Des *modes d'investigation* susceptibles de procurer ce document humain.

α Chap. II : La clinique objective.

β Chap. III : La clinique subjective.

γ Chap. IV : La documentation indirecte.

3° Du *vocabulaire* propre à exprimer ce document humain.

Chap. V : Le vocabulaire médico-esthétique.

* * *

« Il n'est pas nécessaire, disait Montesquieu, d'épuiser un sujet, il suffit de faire penser ». Nous n'avons donc point voulu faire de cette étude un répertoire médical de l'école naturaliste et prétendre en détailler — à titre d'anecdotes — les innombrables recettes. Chaque exemple est donné comme *tel* et non pas à l'état de fait isolé. De plus, nous ne nous sommes pas — en nos citations — exclusivement borné aux artistes relevant des manifestes réalistes et pratiquant ce *Credo* littéraire. Il nous a suffi que Shakespeare, Wagner, Ibsen et d'autres encore, aient fait œuvre de vérité, même inconsciente, pour nous croire autorisé à puiser chez eux de justifiables arguments.

CHAPITRE PREMIER

LES QUALITÉS CLINIQUES

La vertu première de tout observateur est l'*impassibilité ;*
impassibilité du chimiste devant la réaction nouvelle qui va
miner ou étayer son hypothèse ; impassibilité du médecin
devant le mal qu'il doit méthodiquement analyser (1).

Impassibles donc s'affichèrent d'emblée les Naturalistes.
« Moins on sent une chose, plus on est apte à l'exprimer comme
» elle est », formula Flaubert.

« L'œuvre, dit à son propos Maurice Hennequin, l'œuvre con-
» çue comme l'intégration de notes prises au cours de la vie ou
» dans les livres, n'ayant, en somme, de l'auteur que le choix
» entre ces faits et la recherche de certaines formes verbales,
» possède l'*impassible* froideur d'une constatation. Elle est,
» comme un livre de science, un recueil d'observations ».

---

(1) Ce que Tardieu traduit avec une sécheresse brutale et étroite « la prédisposi-
tion à l'étude de la médecine est le fait de deux facteurs associés : l'aptitude aux mani-
pulations mécaniques, la faculté d'enregistrer *passivement et impartialement,* selon la
méthode scientifique, les impressions matérielles, les sensations brutes, données par
le fonctionnement des organismes vivants » *(Revue philosophique).*

Il s'agirait, croyons-nous, de préciser le degré de vérité de ces attitudes glacées et de ces poses marmoréennes. « L'insensibilité professionnelle », monnaie courante dans la banque des clichés populaires — pas plus que l'impassibilité naturaliste — n'est absolue, authentique et foncière.

La première, la pseudo-anesthésie du corps médical, nous semble bien artificielle. Elle n'est pas, à coup sûr, synonyme d'*émoussage* de la sensibilité. Mais plutôt entraînement spécial à transformer le *retentissement émotif* en notions *intellectuelles,* à changer automatiquement les images concrètes — terrifiantes à l'état d'image — en éléments abstraits de diagnostic, éléments *intéressants* mais non plus *émouvants.*

Ce passage de l'ordre sensitif à l'ordre intellectuel, du monde des images à celui des idées, nous pouvons le prendre sur le fait en comparant les deux séries de vocables sous lesquels un médecin, d'une part, un profane de l'autre, traduiraient les mêmes tableaux de clinique courante. Ce dernier, entrant à l'improviste en une salle d'opération, raconterait plus tard à ses amis terrifiés : « C'était épouvantable!... Il y avait une pauvre femme renversée, la tête très basse, le ventre ouvert; elle râlait continuellement... un moment elle est devenue toute bleue... tous les linges étaient couverts de sang... il en avait sauté sur le front des aides... on lui a enlevé un énorme morceau de chair ».

Le chirurgien, au contraire, dirait plus techniquement : « Je viens d'opérer un fibrome qui m'a donné pas mal de tracas. J'avais mis la malade dans la position de « Trendelenburg ». La chloroformisation a été délicate... elle est restée longtemps cyanosée... La tumeur pesait 2.500 grammes..., c'était un fibrome pédiculé ».

La transposition est complète. C'est une véritable *transmutation des valeurs.* L'intensité, le pittoresque de la description — par conséquent son *retentissement* émotif — ont perdu au profit de la précision de métier. Nous croyons que tel est, en grande partie, le mécanisme psychologique de ladite insensibilité qui devient ainsi *métasensibilité.* Elle s'acquiert au moment même où l'étudiant en médecine peut substituer automatiquement, à l'image quelconque, le terme technique qui la désigne, remplacer « ventre ouvert » par « laparotomie », « membre carbonisé » par « brûlure du sixième degré », « jambe broyée » par « fracture comminutive du tibia et du péroné ». Elle se complète au moment où la notion du traitement à tenter vient s'y juxtaposer. Il y a là succession d'idées de plus en plus abstraites, les dernières même souvent consolantes. Le profane accepte telle que l'image perçue, le praticien la transforme en éléments de diagnostic et en projets thérapeutiques. Ce n'est pas amortissement, mais transfert d'impressions.

Et plus encore est illusoire et fausse la prétendue rigidité des naturalistes. Difficile en matière de science et de métier, l'impassibilité est, *a priori*, impossible à l'artiste (1). Emotion au début de l'œuvre, émotion dans l'œuvre, c'est la règle commune même à ceux pour qui reste morte la « notion rédemptrice de l'art », chère à l'école allemande. Flaubert, qui voulait que « l'émotion et la pitié sortent s'il y a lieu des choses mêmes » et faire du roman un « miroir de l'âme humaine », s'est laissé illogiquement et doucement gagner à une technique plus émue.

Ses œuvres dernières, *La légende de saint Julien l'hospitalier*, et surtout *Un cœur simple*, sont toutes de pitié et de miséricorde. « Ces *impassibles*, commente légèrement M. Henry Fouquier (2), devaient nous dire les misères humaines, mais ne jamais s'attendrir sur elles, car l'émotion eût altéré la beauté de leur expression artistique. Ceci, je crois, est la théorie de l'école ? Mais cette école présente ceci de particulier que, si elle existe, je n'ai jamais rencontré de maîtres ou d'élèves qui aient vraiment mérité de lui appartenir !

» Flaubert et Maupassant, a-t-on assez essayé de les enrôler parmi les impassibles ! Mais rien n'est plus inexact que cette étiquette collée sur leurs œuvres, si ce n'est la connaissance de leurs caractères. Ils furent, certes, des railleurs terribles,

---

(1) L'art est, avant tout sélection.
(2) Henry Fouquier; in *Journal*, 7 septembre 1901.

méprisant les sots et haïssant la sottise. Mais, où les vit-on cruels, insensibles et dédaigneux des souffrances humaines ? Maupassant faisait le sceptique et Flaubert le brutal, et tous deux étaient sensibles au plus haut point, Maupassant comme une femme et Flaubert comme un enfant. Quelle duperie c'est de vouloir juger les hommes sur les apparences qu'ils se plaisent à se donner ! Flaubert, particulièrement, avec sa haute taille, ses gros yeux ronds, sa moustache de pirate normand, aimait à « faire le méchant ». Il se plaisait — et c'était un tort de son esprit — aux gros mots et aux jurons. Ce qui ne l'empêchait pas d'être d'une incroyable sensibilité aux douleurs de ses amis et aux deuils de son pays.

» Qu'est-ce que *Madame Bovary*, si ce n'est pas l'histoire de deux martyrs ? et l'histoire des martyrs on ne la raconte pas bien si on n'a pas souffert avec eux. Comment, d'ailleurs, les belles-lettres seraient-elles les *consolatrices* si ceux qui les aiment ne savaient pas la souffrance ? Je vais jusqu'à penser que, même comme artiste, l'impassible est impuissant et reste inférieur. Au théâtre, où la petite école des Impassibles a voulu transporter son action, elle n'a fait que passer. L'enquête faite, ces jours-ci, auprès des auteur dramatiques, a confirmé cette pensée que l'art, avec une infinité de moyens divers, tend vers la justice et la bonté. Et c'est vraiment pitié de voir que, sous prétexte de le maintenir pur de tout alliage, on ait voulu lui retirer ce qui fait sa véritable grandeur » (1).

Jusqu'à présent nous avons constaté dans la marche vers le vrai des professionnels d'une part, des artistes de l'autre, un grand parallélisme. Nous arrivons à un carrefour où leurs che-

---

(1) Il est donc au moins inutile, avec M. Max Nordau, d'épiloguer sur la valeur séméiologique de ladite impassibilité, d'en faire un dérivé morbide et un symptôme de déchéance, de la considérer comme une « obtusion qui leur rend impossible de se » représenter assez vivement un processus du monde extérieur ». Max Nordau, *Dégénérescence*, I, p. 67.

mins divergent. C'est que cette recherche du vrai, *but* et seul but de la science, n'est, pour les littérateurs, qu'un *moyen* artistique.

Le clinicien de métier accumulera donc, en son « observation », la quantité maxima de symptômes, de faits recueillis. Aucun ne lui semblera superflu, car — de valeur inégale, pourtant — tous peuvent, à un moment donné, concourir au diagnostic. Il sera lourd au besoin, mais il sera complet, et la qualité seconde de son observation est la *totalité*.

L'artiste au contraire qui estime chacun des faits constatés non point en fonction d'un diagnostic inutile (1), mais pour sa beauté plastique, sa force expressive et l'intensité d'émotion qu'il peut en retirer, sera moins accueillant. Il fera un choix dans cet amas de documents. Ce « *temps* » spécial à l'observation *artistique* et capital, est, malgré les apparences, constant. L'art, en effet, est avant tout *sélection*. Cette sélection peut porter sur *différentes* catégories d'éléments.

Ainsi se constituent les *différentes* écoles. Cette sélection fut, par principe, réduite à peu de chose chez les naturalistes français ; à moins encore chez les écrivains allemands et russes (2).

L'art est enfin *élaboration*. A cette ultime période, l'observation artistique — quel que soit son degré de vérité scientifique — s'est délibérément écarté de l'observation clinique. Nous ne la suivrons pas sur ce terrain de pure esthétique, mais nous devions signaler ce dernier stade comme indispensable et requis :

« Au théâtre, dans le roman, nous dit très finement le D^r Ca-

---

(1) Qui parfois même lui reste insoupçonné, comme nous le verrons au chapitre suivant (observation ignorante).

(2) En particulier chez Tolstoï. « Cet analyste minutieux, dit le vicomte de Vogüe (*Le roman russe*, 1888, p. 93), ignore ou dédaigne la première opération de l'analyse, si naturelle au génie français ; nous voulons que le romancier *choisisse*, qu'il sépare un personnage, un fait, du chaos des êtres et des choses, afin d'étudier isolément l'objet de son choix. Le Russe, dominé par le sentiment de la dépendance universelle, ne se décide pas à trancher les mille liens qui rattachent un homme, une action, une pensée au train total du monde ».

banès (1)... il est bon de nous donner des *tranches de vie*, mais à la condition de ne pas nous les servir toutes crues ».

Voici donc les naturalistes — affublés d'une impassibilité toute verbale — en quête du *document humain*. Nous allons étudier maintenant les grandes voies d'observation qui s'ouvraient à leurs enquêtes et dans lesquelles, suivant leur tempérament, ils durent s'engager. Certains s'adressèrent à l'observation *sur les autres*, d'autres à l'observation *sur eux-mêmes*; d'aucuns enfin s'en remirent à l'*érudition* par les *autres* et les *livres*; nul d'ailleurs ne se cantonna dans un mode unique de documentation. Et la *clinique objective*, la *clinique subjective* et la *documentation indirecte*, distinctes et presque hiérarchisées par nous pour les besoins de l'analyse, se retrouvent à quelque degré chez tous.

---

(1) *Chronique médicale*, 1er novembre 1901.

CHAPITRE II

LA CLINIQUE OBJECTIVE

En toute conscience, les naturalistes devaient donc s'abstraire de leurs œuvres, réduire leur vision des choses à la constatation strictement objective. Etouffant toute personnelle sympathie, ils atteignirent, d'emblée, une quasi-férocité : Flaubert, que nous retrouverons maintenant à chaque pas de notre étude, car il fût par excellence antithéthique et divers, adressait à Feydeau, au sujet de la mort prochaine de Madame Feydeau, cet encouragement décisif : « Pauvre petite femme ! c'est affreux ! Tu as et tu *vas* avoir de *bons* tableaux et tu pourras faire de bonnes études ! » « C'est chèrement les payer », daignait-il pourtant ajouter.

Edmond de Goncourt fut longtemps sous le coup du même reproche et soupçonné d'avoir, en une curiosité sacrilège, transcrit jusqu'aux dernières minutes la poignante agonie de son frère, ces symptômes dramatiques et terrifiants entre tous de la paralysie générale. Il s'était ainsi, disait-on, réservé *matière à copie*, mais, non sans amertume, il plaida sa cause :

« Oh ! il y aura des gens qui diront que je n'ai pas aimé mon frère, que les vraies affections ne sont pas descriptives. Cette affirmation ne me touche guère parce qué j'ai la conscience de l'avoir plus aimé qu'aucun de ceux qui diront cela n'ont jamais aimé aucune créature humaine; .....mais, renfonçant toute sensibilité, j'ai pensé qu'il était utile pour l'histoire des lettres, de donner l'étude *féroce* de l'agonie et de la mort d'un mourant de la littérature..... » (1).

Et, cette justification achevée, suit une des plus poignantes et douloureuses observations cliniques qui aient jamais été recueillies par un cerveau dressé à l'analyse et tout proche de l'être souffrant :

OBSERVATION α

D'après Edmond DE GONCOURT.

Paralysie générale progressive (2).

Jules de Goncourt, 40 ans, homme de lettres.

Antécédents héréditaires : Passés sous silence.

Antécédents personnels : Surmenage intellectuel.

Histoire de la maladie: Le premier symptôme noté est *l'embarras de la parole...* « depuis quelque temps et cela est plus marqué tous les jours. Il y a certaines lettres qu'il prononce mal, des *r* sur lesquels il glisse, des *c* qui deviennent des *t* dans sa bouche. C'était pour moi, dans son enfance, quelque chose de doux et de charmant d'écouter sa petite parole trébuchant contre ces deux consonnes, et ses colères contre sa *nou-ice.* Retrouver aujourd'hui cette prononciation enfantine, entendre sa voix comme je l'ai entendue dans ce passé effacé, lointain, où les souvenirs ne rencontrent que la mort, cela me fait peur ».

Puis l'observation devient plus suivie.

---

(1) Edm. de Goncourt, *La dernière maladie de J. de Goncourt* citée par la *Chronique Médicale,* 1896, 1ᵉʳ août, p. 464.

(2) Nous ne prétendons point poser de diagnostic *historique*. Nous avons simplement ordonné, suivant le cadre clinique usuel, les notes recueillies par Edm. de Goncourt pour mettre en lumière leur exactitude médicale.

ÉTAT ACTUEL. — *Troubles organiques :* A l'embarras de la parole viennent s'ajouter les *mouvements incertains* décrits à la date du 11 juin : « Ce soir j'ai été douloureusement ému. Nous finissions de dîner au restaurant. Le garçon lui apporte un bol. Il s'en sert maladroitement. Sa maladresse n'avait rien de bien grave, mais l'on nous regardait et je lui dis avec un peu d'impatience : « Mon ami, fais donc attention, nous ne pourrons plus aller nulle part ». Le voici qui se met à fondre en larmes, en s'écriant : « Ce n'est pas de ma faute, ce n'est pas de ma faute ! » et sa main tremblottante et contractée cherchait ma main sur la nappe : « Ce n'est pas de ma faute ! reprend-il, je sais combien je t'afflige, mais je veux souvent et je ne peux pas ». Et sa main serrait la mienne avec un « pardonne-moi » lamentable. Alors tous deux nous nous sommes mis à pleurer dans nos serviettes devant les dîneurs étonnés ».

Et plus loin : « 16 avril... Jour par jour assister à la destruction de ce qui faisait la distinction de ce jeune homme distingué entre tous. Le voir saler son poisson à la salière, prendre sa fourchette à pleine main, manger comme un pauvre enfant, c'est trop... »

Troubles organiques encore que ces « pétrifications, ces immobilités d'une demi-heure avec des battements de paupières sur des pupilles remuantes et roulantes ».

9 mai : *Première crise légère.* « Ce lundi, il lisait une page des Mémoires d'outre-tombe quand il est pris d'une petite colère, à propos d'un mot qu'il prononce mal. Il s'arrête tout à coup. Je me rapproche de lui, j'ai devant moi un être de pierre qui ne me répond pas et reste muet sur la page ouverte. Je l'engage à continuer, il demeure silencieux. Je le regarde, je lui vois un air étrange, avec des larmes et de l'effroi dans les yeux. Je le prends dans mes bras, je le soulève, je l'embrasse, alors ses lèvres jettent avec effort des sons qui ne sont plus des paroles, des murmures, des bruissements douloureux qui ne disent rien. Il y a dans lui une horrible angoisse nouvelle qui ne peut sortir de ses blondes moustaches toutes frissonnantes. Serait-ce, mon Dieu, une paralysie de la parole ?... Cela se calme un peu, au bout d'une heure, sans qu'il puisse dire d'autres paroles que des oui et des non avec des yeux troubles qui n'ont plus l'air de me comprendre. Tout à coup, le voici qui reprend le volume, le met de-

vant lui et veut lire, veut absolument lire. Il lit le cardinal Pa (cca) puis plus rien; impossible de finir le mot. Il s'agite sur son fauteuil, il ôte son chapeau de paille, il promène et repromène ses doigts égratigneurs sur son front, comme s'il voulait fouiller son cerveau : il froisse la page, il l'approche de ses yeux.

Troubles psychiques : Affaiblissement de l'intelligence et de la volonté, manque d'attention, troubles de la mémoire : 8 avril : Un jour, quel jour? je ne sais, que je le priais de m'attendre un moment, dans le passage des Panoramas, il m'a dit devant la grille du boulevard : « C'est là n'est-ce pas ? » Il ne reconnaissait pas le passage des Panoramas. Un autre jour, ce nom de Watteau qui était pour lui comme un nom de famille, il n'en retrouvait plus l'orthographe. Il est arrivé à ne distinguer que difficilement les poids avec lesquels il fait de la gymnastique, à ne reconnaître qu'avec un effort les gros des moyens, les moyens des petits. »

« L'attention, cette prise de possession intelligentielle de ce qui se passe autour de nous, cette opération si simple, si facile, si alerte, si inconsciente de la santé des facultés cérébrales, l'attention, il n'en est plus le maître. Il lui faut, pour l'exercer, un énorme effort, une contention qui fait saillir les veines de son front et le laisse brisé de fatigue. Dans cette figure animée, où il y avait l'intelligence, l'ironie, cette fine et joliment méchante mine de l'esprit, je vois se glisser, minute par minute, le masque hagard de l'imbécillité. Je souffre, je souffre, je crois, comme il n'a été donné à aucun être aimant de souffrir... »

Puis, le 24 avril : « Dans la lecture d'un volume qu'il lit et qu'il interrompt, il cherche où il en est, et après avoir longtemps fatigué le volume de la promenade de ses mains dessus, il me jette d'une voix timide : « Où en suis-je?... »

« 11 juin : Ce matin, il lui a été impossible de se rappeler un seul titre de ses romans. Il possède encore deux facultés remarquables : la qualification pittoresque avec laquelle il caractérise en passant, l'épithète rare avec laquelle il peint un ciel .. »

Modification du caractère. — « Avril : Absorption complète, refus de parler, toute l'après-midi, son chapeau de paille lui barrant la vue, il reste assis en face d'un arbre, dans une immobilité tristement farouche.

8 avril : « Peu à peu il se dépouille de l'affectuosité, il se déshumanise ; les autres commencent à ne plus compter pour lui et recommence en lui le féroce égoïsme de l'enfant ».

16 avril : « Ce qu'il y a d'affreux dans ces abominables maladies
de l'intelligence, c'est qu'elles détruisent souterrainement et à la
longue, chez l'être aimant qu'elles frappent, la sensibilité, la tendresse, l'attachement, c'est qu'elles suppriment le cœur... cette
douce amitié qui était le gros lot de notre vie, de notre bonheur, je
ne la trouve plus, je ne la rencontre plus .. Non je ne me sens plus
aimé par lui, et c'est le plus grand supplice que je puisse éprouver,
et que tout ce que je puisse me dire n'adoucit en rien... ! Quelque
chose d'irritant, c'est son obstination sourde, hostile contre tout ce
qui est raisonnement. Il semble que son esprit ait pris la logique
en haine. Quand on lui parle, on ne peut jamais obtenir de lui une
réponse, l'engagement qu'il fera la chose demandée, au nom de
cette raison. Il s'enferme dans un silence entêté, sa figure se couvre
d'un nuage méchant et apparaît en lui, comme un être nouveau,
inconnu, sournois, ennemi... sa physionomie s'est faite humble,
honteuse ; elle fuit les regards, comme des espions de son abaissement, de son humiliation ».

Vers le 30 avril : « Ce qui me fait désespérer de lui, c'est quelque
chose d'indéfinissable, que je ne puis mieux comparer qu'à l'apparition d'un autre être se glissant en lui. Son métier, dont il a été longtemps préoccupé après sa cessation de travail, ne l'occupe plus, ses
livres sont pour lui comme s'il ne les avait pas écrits... »

Vers le 30 mai : « Comme un petit enfant, il s'occupe seulement de
ce qu'il mange, de ce qu'il met. Il est sensible à un entremets, il est
heureux d'un vêtement neuf ».

18 juin : *Attaque épileptiforme* : « Avant-hier, jeudi, il me lisait
encore les *Mémoires d'outre-tombe*, car c'était le seul intérêt et la seule
distraction du pauvre enfant. Je remarquai qu'il était fatigué, qu'il
lisait mal. Je le priai d'interrompre sa lecture, l'engageant à venir
faire un tour de promenade au bois de Boulogne. Il résista un peu,
puis céda, et, se levant pour sortir de la chambre avec moi, je le vis
trébucher et aller tomber sur un fauteuil. Je le relevai, le portai sur
son lit, l'interrogeant, lui demandant ce qu'il éprouvait, voulant le

forcer à me répondre, anxieux de l'entendre parler. Hélas! comme dans sa première crise, il ne put que proférer des sons qui n'étaient plus des paroles. Fou d'inquiétude, je lui demandai s'il ne me reconnaissait pas. A cela, il me répondit par un gros rire railleur qui semblait me dire : « Est-ce assez bête à toi, de croire ça possible !... » Suivit bientôt un instant de calme, de tranquillité, ses regards doux, souriants, fixés sur moi. Je crus à une crise semblable au mois de mai. Mais tout à coup, il se renversa la tête en arrière, et poussa un cri rauque, guttural, effrayant, qui me fit fermer la fenêtre ».

Aussitôt, sur son joli visage, apparurent des convulsions qui le bouleversèrent, déformant toutes les formes, changeant toutes les places, comme si elles voulaient les retourner, pendant que sa bouche tordue crachotait une écume sanguinolente.

Nuit de samedi 18 juin à dimanche : « Il est deux heures du matin. Me voici relevé et remplaçant Pélagie près du lit de mon pauvre et cher frère qui n'a pas repris la parole, qui n'a pas repris connaissance depuis jeudi à deux heures de l'après-midi ».

Période agonique : Continuation de la nuit de samedi à dimanche, quatre heures du matin : « La mort s'approche, je la sens à sa respiration précipitée, à l'agitation qui succède au calme relatif de la journée d'hier, je la sens à ce qu'elle met sur sa figure. Sur le blanc de l'oreiller, sa pauvre tête est renversée, avec l'ombre portée de son profil amaigri et de sa longue moustache projetée par les lueurs d'une bougie mourante, luttant avec le jour.

» Ce jour levant, ce vert de l'arbre jaillissant de l'ombre, cet éveil du ciel et des oiseaux avec leurs notes bienheureuses, tombant dans une agonie, dans une fin de jeune existence, c'est bien horrible !...

» Le jour arrive à cette heure sur sa figure, dessine les creux et les ombres des yeux et de la bouche, le décharnement presque instantané, me montrant, dans sa chair aimée, la sculpture de la mort...

» 10 heures du matin : Toutes les secondes, je les compte par ces douloureuses aspirations d'une respiration brève, haletante...

» 4 heures de l'après-midi : Tant de souffrances pour mourir ! De si déchirants efforts pour avaler de petits morceaux de glace pas plus gros que des têtes d'épingle. Une respiration ronflante comme une basse, coupée d'une plainte continue et râlante qui vous déchire... Du milieu de cette plainte jaillissent des mots, des phrases qu'on ne peut saisir, et parmi lesquels il me semble entendre : « Maman, maman, à moi maman ! » Deux fois il a dit distinctement un nom de femme aimée : « Maï-a, Maï-a... »

» 8 heures : Un cœur tumultueux soulevant comme les os et la peau de sa poitrine, et une respiration stridente qu'il semble tirer de son estomac... ».

Nuit de dimanche (19 juin) à lundi : « ... Toute la nuit, ce bruit déchirant d'une respiration qui ressemble au bruit d'une scie dans du bois mouillé et que scandent à tout moment des plaintes douloureuses et des « han » plaintifs. Toute la nuit, cette poitrine qui bat et soulève le drap... Dieu ne me ménage pas l'agonie de celui que j'aime, m'épargnera-t-il les convulsions de la fin ?...

» Lundi 20 juin, 5 heures du matin : Le petit jour glisse sur sa figure qui a pris le jaune briqué et terreux de la mort. Des yeux larmoyants, profonds, ténébreux. Dans ses yeux, une expression de souffrance et de misère indicible...

» Créer un être comme celui-ci, si intelligent, si personnel, si original, et le briser à trente-neuf ans ! Pourquoi ?...

» 9 heures : Dans ses yeux troubles, tout à coup une éclaircie souriante avec le long appuiement sur moi d'un regard diffus et comme s'enfonçant lentement dans le lointain... Je touche ses mains, c'est du marbre mouillé...

» 9 heures 40 minutes : Il meurt, il vient de mourir. Dieu soit loué ! Il est mort après deux ou trois doux soupirs de la respiration d'un petit enfant qui s'endort... ».

On ne pouvait mieux réaliser les plus avancés desiderata de l'Impassibilité scientifique. Flaubert, quelque peu fanfaron dans sa lettre à Feydeau, n'avait pu, dans une circonstance infiniment plus simple, tenir jusqu'au bout : désireux d'étudier authentiquement les symptômes d'asphyxie laryngée qu'il comptait reproduire dans l'*Éducation sentimentale*, il s'en était référé au Dr Marjolin, chef de service à l'hôpital Sainte-Eugénie. Deux jours après, un interne frappait à sa porte et hâtivement emmenait Flaubert, accompagné d'un de ses disciples. « D'abord, raconte l'interne d'alors, aujourd'hui le Dr Chaume, Flaubert m'accabla de questions sur le petit malade que nous allions voir. Son âge? Trois ans. Il l'eût voulu plus âgé! Et ses parents, pourrait-on les voir, leur parler? Assurément non. Puis nous causâmes diphtérie, croup, trachéotomie surtout et je vis qu'il connaissait la *clinique* de Trousseau. Cette conversation pathologique prit fin sur une boutade du jeune homme : « Tout cela, dit-il, est plus ou moins connu et décrit, ce que je voudrais voir, *c'est un enragé* ». Et nous de rire sur cet empiètement, avec surenchère sur le naturalisme du maître.

... » L'enfant allait plus mal, et déjà la sœur avait fait tous les préparatifs de l'opération. Il se débattait, toussait rauque, avec un fort tirage, et présentait tous les signes précurseurs de l'asphyxie. Flaubert, qui se tenait à distance, ne le quittait pas du regard. Cette observation, toute muette, dura à peine deux ou trois minutes. Puis, visiblement ému, il nous dit : « J'en ai » assez vu ; je vous en prie, délivrez-le ».

» Et l'opération commença.

» Un instant, malgré la gravité de la circonstance, je me retournai. Flaubert et son satellite avaient disparu.... « Oh! me répondit, à ce sujet, Marjolin, cela ne doit point vous étonner ; une trachéotomie, c'était bien trop pour lui ; il est d'une sensibilité extrême ».

... » Et maintenant comprenez-vous pourquoi le petit Arnould (1) guérit par l'expulsion d'une fausse membrane, « *quelque chose d'étrange, semblable à un tube de parchemin* »? Laissez-moi croire que le bon Flaubert préféra ce mode si simple, mais rare, de guérison, parce qu'il avait horreur de la trachéotomie » (2).

Il en coûte donc à l'artiste de sortir brusquement des spectacles expurgés de la rue ou de la maison, pour scruter sans délais des nudités douloureuses, écouter des plaintes voilées,

---

(1) Flaubert, l'*Éducation sentimentale*.
(2) *Chronique médicale*, année 1900, p. 769, Dr Chaume.

rauques ou lointaines, flairer des relents de cadavre, se pénétrer enfin de tout ce cortège lamentable et mesquin de la souffrance vulgaire ; toutes choses auprès desquelles, avons-nous dit, le professionnel ne peut rester indifférent que parce qu'il les *regarde,* mais ne les *voit pas* (1).

Sur la recommandation de Flaubert, les frères de Goncourt purent fréquenter quelque temps le service de Velpeau à la Charité, y faire des études sur « le vrai, le vif, le saignant » (2). Leurs débuts furent, comme ceux de tous les novices, marqués de ce « petit trouble qui met le cœur mal à l'aise ». Mais ils se raidirent, suivirent la visite avec pourtant « un sentiment de la rotule dans les genoux et du froid dans la moelle des tibias. » (3).

La pénible impression persista longtemps. « C'est affreux, cette odeur d'hôpital qui vous poursuit. Je ne sais si c'est réel ou une imagination des sens, mais sans cesse il nous faut nous laver les mains. Et les odeurs-mêmes que nous mettons dans l'eau prennent, il nous semble, cette fade et nauséabonde odeur de cérat... Il nous faut nous arracher de l'hôpital et de ce qu'il laisse en vous, par quelque distraction violente » (4).

Cette réaction au contact de la réalité dolente, est surtout l'apanage des sincères, des vibrants, des profonds artistes... « Lorsqu'on est empoigné de cette façon, lorsqu'on sent ce dramatique vous remuer ainsi dans la tête, et les matériaux de votre œuvre vous faire si frissonnant, combien le petit succès du jour vous est inférieur, et comme ce n'est pas à cela que vous visez, mais bien à réaliser ce que vous avez perçu avec l'âme et les yeux » (5).

Ce dernier désideratum n'est plus du tout celui d'Hector Malot dont les procédés de documentation, évidemment du meilleur

<hr>

(1) V. plus haut, p. 22.
(2) Ed. et J. de Goncourt, Une visite à la Charité, *Chronique médicale*, 1896, 1er août.
(3) *Ibid.*
(4) *Ibid.*
(5) *Ibid.*

réalisme, s'accordent le plus joliment du monde avec un très avéré désir de publicité, de succès. Son exactitude est minu tieuse, ses tableaux cliniques ne seraient pas déplacés au concours d'internat... on doit lui savoir gré de la surabondance même de ses données techniques, en pensant que leur recherche faillit un jour lui coûter la vie. Elles n'ont, d'ailleurs, pas d'autre intérêt. Il rêvait alors à son roman *Un beau-frère*, portant tout entier sur les fous, la folie, les maisons d'aliénés ; et dans son zèle il avait prié des confrères de la presse de lui envoyer tous les détraqués dont ils pourraient avoir connaissance « et Dieu sait ce qu'il s'en présenta : des inventeurs méconnus, des persécutés, des ratés ; les uns doux, les autres plus ou moins violents. Un de ceux-là voulut un jour me faire passer par la fenêtre : j'en eus assez et j'engageai les camarades à ne plus m'en adresser » (1). Dorénavant il ne fréquenta ces dangereux sujets qu'à Charenton ou lieux similaires et jamais plus en pleine liberté.

*
* *

L'observation sur le vif suppose donc parfois certaines *précautions* et un *préalable entraînement*. Or, cette assuétude, plusieurs des plus aigus critiques et « voyants » la doivent à des études médicales techniques et universitaires. Parfois ébauchées à peine, elles restent suffisantes pour donner à un cerveau prédestiné l'initiale impulsion, l'esprit d'analyse et de dissection psychologique. Parfois elles sont complètes et diplômées. Flaubert avait trouvé, dans sa famille même et mêlées à ses souvenirs d'enfant, de sérieuses leçons anatomiques : son père, ancien prosecteur à l'hospice de Rouen, habitait un logement enclavé dans l'Hôtel-Dieu et s'était installé un véritable laboratoire où, quotidiennement, il professait en famille. Gustave Flaubert, son frère aîné revenu docteur à Rouen, Bouilhet qui com-

---

(1) *Chronique médicale*, 15 octobre 1896.

mençait sa médecine, en étaient les premiers auditeurs (1).
A-t-il en réalité fait œuvre lui-même d'anatomiste pratiquant ?
Il semble que oui d'après un désir de sa correspondance. « La
semaine prochaine, écrit-il à Madame Roger des Genettes
(1er mai 1874) j'irai à Clamart *ouvrir des cadavres*... Oui, Madame,
voilà jusqu'où m'entraîne l'amour de la littérature » (2).

Durant toute sa vie, sa vie puissante et angoissée d'ailleurs,
il resta l'anatomiste du verbe et, « tenant la plume comme un
scalpel » (3), disséqua jusqu'à la souffrance ses phrases et ses
périodes. Il atteignait leur squelette, s'assurait de sa solidité,
puis par un travail inverse, replaçait les tendons dans leurs
gaînes, les muscles dans leurs aponévroses et rendait vie à ses
créations ainsi martyrisées. Il en faisait alors jouer minuticuse-
ment toutes les articulations et ne les exhibait qu'après d'interminables et pénibles essais.

Sainte-Beuve avait été plus loin dans la hiérarchie médicale.
Sa première inscription date du 3 novembre 1823, et, tout en
collaborant au *Globe*, il persista jusqu'en 1827. Une année durant
il fit le service d'externe à l'hôpital Saint-Louis (4). Il aima la
médecine comme « étant de tous les temps et de tous les lieux » (5).

Parmi les contemporains, nous signalerons Ibsen pour ses
débuts médicaux d'abord, puis pharmaceutiques (6) et Jean
Richepin, fils d'un médecin militaire, qui, sous la direction de
son père, se prépara pendant quelque temps à l'Ecole de Stras-
bourg : « La dissection et la chirurgie, a-t-il écrit (7), furent
surtout l'objet de son enseignement et de mes prédilections ».

La liste s'allonge tous les jours, des romanciers diplômés, des
« évadés de la médecine », comme les étiquette le Dr Cabanès
qui les signale consciencieusement en sa curieuse « Chronique ».

---

(1) *Chronique médicale*, 15 octobre 1901.
(2) *Chronique médicale*, 15 août 1901.
(3) Sainte-Beuve.
(4) Sainte-Beuve, *Souvenirs et indiscrétions*.
(5) Même auteur, *Joseph de Lorme*, préface.
(6) *Les revenants*, préface.
(7) *Chronique médicale*, 15 janvier 1896, p. 58.

L'Intérêt de ces débuts universitaires est, d'ailleurs, surtout anecdotique. On peut être profond observateur et clinicien véridique sans être apanagé du moindre parchemin médical (1).

Jusqu'à présent, nous avons supposé les observateurs partant d'un diagnostic *connu* et consciemment choisi. Il existe un second mode d'observation objective, plus impersonnelle encore, et ainsi plus rigoureuse : C'est l'observation *Ignorante* (2), vierge d'étiquette nosologique, l'exposé du *symptôme* pour lui-même, et non plus en raison d'un diagnostic initial qu'il s'agirait de fortifier. Trousseau en exprima l'intérêt, même au point de vue médical pur, dans les pages savoureuses qui ouvrent le recueil de ses magistrales cliniques : « Que les nosologies soient utiles à celui qui commence l'étude de la médecine, j'y consens au même titre qu'une clef analytique est assez bonne, au même titre que le système si faux de Linné peut être fort utile à celui qui essaie l'étude de la botanique ; mais, Messieurs, si vous *connaissez* assez pour pouvoir reconnaître, permettez-moi cette espèce de jeu de mots, hâtez-vous d'oublier la nosologie, restez au lit du malade, cherchant sa maladie comme le naturaliste étudie la plante en elle-même dans tous ses éléments.

» A mesure que les faits se dérouleront devant vos yeux ; à mesure que vous aurez examiné et que vous serez aptes à comparer, hâtez-vous de vous débarrasser des entraves scolastiques. Vous arriverez, par cette gymnastique intellectuelle, à donner

---

(1) Si, des écrivains, des artistes proprement dits, nous passons aux professionnels du théâtre, nous accorderons dix-huit mois de service hospitalier à l'un de nos meilleurs « metteurs en scène » actuels, M. Victorien Sardou. « Je disséquais consciencieusement mes semblables à Clamart (lit-on dans la *Chronique médicale* du 15 mars 1895) et tous les matins, externe bénévole à l'hôpital Necker dans un service de clinique, je faisais sans dégoût les pansements requis, et j'assistais curieusement à toutes les opérations ».

(2) Nous écartons à dessein le terme d'observation « inconsciente » pour éviter toute confusion, même de désinence, avec l'observation dite « subconsciente » très complètement étudiée dans la thèse du Dr Chabaneix : *Influence du subconscient dans les œuvres de l'esprit*, Bordeaux, 1897.

à votre esprit une puissance de déduction inconnue à ceux qui restent servilement dans le sillon creusé par leurs maîtres, moins par respect pour ceux qui ont ouvert les portes de la science que par paresse ou insuffisance ».

L'emploi véridique de ce procédé, en littérature, suppose donc un certain degré de nescience de la part de l'auteur. Ce dernier peut même, en toute rigueur, ignorer pleinement avoir fait œuvre de pathologiste, avoir été peintre de morbidités. Cette ignorance authentique et splendide n'est à vrai dire plus possible en notre époque vulgarisatrice, surtout en ces dernières années de plus particulière attention médicale. Flaubert n'ignorait point les stigmates hystériques de Salambô, ni de Goncourt que la crise dramatique où la « Faustin », ayant quitté son lit, en chemise, « au milieu de sa chambre, dans un rayon de lune, déclamait la tirade d'Hermione », avait nom *somnambulisme naturel;* ni M. Zola que Coupeau, de l'*Assommoir*, succombait à une classique attaque de *delirium tremens.*

Nous devons donc, pour trouver un sincère emploi de cette méthode, reculer à des temps moins avertis : jusqu'à Shakespeare, par exemple, le protagoniste parfait de ce procédé superbe. Certes, la *démence sénile* du roi Lear, *la manie aiguë à teinte érotique* d'Ophélie, *la mélancolie avec hallucinations de la vue* de Lady Macbeth, ne pouvaient, en plein xvie siècle, être l'objet d'aucun diagnostic exact.

Leur peinture met donc en relief la puissance *personnelle* d'observation du grand dramaturge; son chef-d'œuvre en la matière est réalisé dans le « cas Hamlet ». Au point de vue dramatique, le personnage d'Hamlet est double, nettement et consciemment : il y a le « fol par raison d'État et de vengeance » (1); il y a le mélancolique et dolent. Cette duplicité persiste à l'examen médical. D'une part : *simulation de folie,* d'autre part, *aboulie,* pessimisme misanthropique.

En dramaturge, en « homme de métier », Shakespeare ne

---

(1) Dr Régis, *Le personnage d'Hamlet et son interprétation par Mme Sarah Bernhardt.* Bordeaux, 1899.

dut avoir conscience, comme artifice scénique, que du premier de ces deux aspects. Pour lui ce drame résidait, à n'en pas douter, « dans une œuvre de vengeance poursuivie par le héros à l'aide d'un stratagème, la folie ». Mais l'observateur, eh lui, l'emporta ; il alla jusqu'aux données secondes de son héros, jusqu'à cet Hamlet inquiet, torturé de l'idée fixe, mais impuissant, irrésolu, le seul qui nous poigne aujourd'hui ; finalement, le personnage total, dont la maquette primitive de simulateur aurait pu rester artificielle et fausse s'il n'était resté que simulateur, demeure cohérent et véridique. L'observation *involontaire* avait élargi et vivifié ce qu'avaient d'étroit et de technique les données premières. Un second exemple, plus immédiat, nous est fourni par l'emploi fréquent et toujours d'une précision étonnante des plus subtiles névroses dans l'œuvre wagnérienne. Senta et Elsa, en leurs rêves prophétiques, sont d'exquises mais authentiques *hallucinées*. C'est de l'*amnésie* que boit Siegfried en même temps que le philtre d'oubli. Sous le baiser divin de Wotan fascinateur, c'est d'*hypnose* que s'endort la Walkyrie sur son rocher incandescent. Enfin, l'étonnante création de Kundry est une curieuse adaptation scénique du *dédoublement de la personnalité*. Il était intéressant de savoir à quelle source avisée Wagner avait puisé, surtout s'il avait eu *conscience*, en ces fresques géantes, d'avoir atteint la précision clinique que nous y admirons aujourd'hui.

Nous ne le croyons pas. Ses études premières exclusivement artistiques, et secondes uniquement politiques et sociales, ne le disposaient pas aux recherches de psychologie *documentaire*. Elle lui aurait d'ailleurs été d'un piètre secours. En 1855, date ou Wagner terminait la *Walkyrie*, le baron du Potet dogmatisait avec une noble suffisance. En 1877, où s'achevait le livret de *Parsifal*, le dédoublement de conscience n'était que mythe et fatras. D'ailleurs, l'école de Bayreuth ne nous offre actuellement aucune tendance à l'interprétation volontairement médicale des personnages cités. Le jeu de scène maintenant classique à l'Académie nationale de musique en lequel, au final de la Walkyrie, Wotan *fascine* de son regard impérieux et sévère Brünhild épuisée avant de l'ensevelir d'un baiser dans une hypnose flamboyante, puis reculant pas à pas, appelle d'un très long regard le sommeil-punisseur; ce jeu de scène, disons-nous, est exact, cohérent, d'une vérité de technique surprenante, mais *apocryphe*. A Bayreuth, rien de tel : le Dieu conduit sans la fixer Brünhild endormie déjà de la seule volonté divine. Il fait œuvre de thaumaturge et non plus d'hypnotiseur (1). Comme Shakespeare, Wagner n'avait certainement pas aperçu les éléments d'exacte beauté qu'enfermaient ses tableaux.

Au même titre, nous pouvons enfin citer une observation relevée dans *Germinie Lacerteux*; observation dont la *précocité* souleva l'admiration même des spécialistes. Il s'agit d'un cas de phthisie prétuberculeuse : « Germinie, dans une nuit de jalousie, reste à la porte de son amant pour le guetter (2). Il pleut; refroidissement ; mais elle tient bon et continue à servir sa maîtresse sans vouloir se soigner, si bien qu'un médecin appelé ne l'ausculte que pour constater une pleurésie en voie de guérison. Mais le poumon s'ulcère; puis survient la phthisie qui détermine la mort.

» Voilà donc un cas bien net de pleurésie phthisiogène daté au plus tard du mois d'octobre 1864. MM. de Goncourt, comme les gens de génie, ont deviné ou observé (je ne sais si l'un d'eux est médecin) que la pleurésie peut donner naissance à la phthisie ou être un des premiers et redoutables symptômes de la tuberculose pulmonaire. Aujourd'hui que l'on s'occupe beaucoup de cette question dans notre monde médical, j'ai trouvé intéressant de signaler ce fait, auquel n'ont *probablement pas* songé les auteurs du roman, ils ont fait mourir leur héroïne d'un rhume négligé; mais ils ont tracé les caractères et la marche du mal d'une manière que ne renierait pas l'auteur du meilleur Traité de clinique médicale que nous possédions ».

---

(1) Nous devons ces renseignements à M. Delmas, de l'Opéra, créateur en France du rôle de Wotan et auteur de cette curieuse et scientifique interprétation qu'il eut l'obligeance de détailler et presque de répéter devant nous.

(2) *Chron. médicale.*

Questionné à ce sujet précis par le Dr Cabanès, Ed. de Goncourt répondit textuellement dans une lettre : « Pour Germinie (1) ça s'est passé ainsi dans la nature, la pleurésie a précédé la tuberculose », et une autre fois « ... j'ai décrit un cas de pleurésie prétuberculeuse, c'est bien l'expression technique? à une époque où on n'avait pas encore nettement déterminé cette affection, même dans les traités de pathologie » (2).

Cette observation rentre donc nettement dans notre catégorie dernière de l' « observation involontaire », superbement ignorante de la portée du symptôme décrite. Cette ignorance est pour elle brevet de vie, surcroît d'authenticité.

Une telle vision des choses, est « plus probante que la réalité même » (3).

---

(1) Avril 1896, Ed. de Goncourt, lettre au Dr Cabanès.
(2) *Chronique médicale*, 1896, 1er août.
(3) Guy de Maupassant, préface de *Pierre et Jean*.

CHAPITRE III

Passer de l'examen des autres au retour sur soi-même, c'est évidemment restreindre son champ d'enquête, mais, en revanche, c'est incomparablement gagner en *pénétration d'analyse* et *puissance d'expression*.

Hyperacuité d'une part, plus grande intensité de vie de l'autre, ces deux qualités communes à toute introspection s'exaspèrent ici du fait qu'il s'agit d'*introspection douloureuse*.

Car la douleur — surtout mentale — est aiguisante et féconde, elle affine le cerveau qu'elle épreint, l'évade pour un instant de sa médiocrité.

« Est-ce curieux, notent les de Goncourt à propos de Belot, est-ce curieux : cet homme qui, dans la souffrance, a des sensations distinguées, assaisonnées de remarques et de réflexions presque littéraires, lorsqu'il écrit est absolument dénué de littérature et ne se doute pas du tout de ce qui fait la beauté d'un livre » (1).

---

(1) *Chronique médicale*, 1896, 15 février, p. 100.

Si l'être qui souffre n'est plus un médiocre, le résultat s'élève d'autant. « Daudet, affirme encore de Goncourt, est un type à cet égard. C'est un cerveau très affiné, un cerveau *supérieur depuis qu'il est malade* »...Et Xaxier Aubryet, en temps ordinaire strictement homme d'esprit (1), atteignait au plus terrible pittoresque dès qu'il peignait ses douleurs : « Je deviens aveugle, disait-il, de jour en jour, je descends dans l'ombre ; j'ai vu, tour à tour, disparaître les barreaux de ma fenêtre puis la vitre elle-même ; et maintenant je n'aperçois plus qu'une tache de lumière lorsqu'elle m'arrive à bout portant !... »

« Vous connaissez, a-t-il écrit dans la préface de son livre *Chez nos voisins et chez nous*, la *res angusta domi ;* ma maladie est la *res angusta corporis*. Les douleurs les plus fugaces deviennent des points d'orgue, les coups de couteau, qui d'abord dépassaient à peine l'épiderme, creusent profondément la chair. Le squelette entier prend la sensibilité d'une dent malade (2).

La seconde qualité de l'introspection douloureuse est l'intensité de vie des images qu'elle fournit. Certes, disséquer sa souffrance, c'est, pour un curieux de soi-même, en partie l'adoucir. C'est, par une loi mentale analogue à la loi physique de l'équivalence des forces, en transmuer le retentissement douloureux en un autre mode de vibrer, la *création esthétique,* où l'énergie totale n'a nullement diminué. Le chien blessé hurle et s'agite : l'artiste dolent écrit et se calme. Oh ! l'apaisement lumineux qui surgit quand, l'esprit en détresse, on entrevoit cette possible genèse d'une œuvre d'art, fille de sa détresse ainsi fécondée. Et quel conseil efficace, en cette thérapeutique toute spéciale des gens de lettres (3), à donner à l'artiste en sa peine, que lui dire : Vous souffrez : notez-le.

---

(1) Un peu surfait même, disait Ed. de Goncourt.

(2) J. Claretie, *La vie à Paris*, 1880, p. 445-446, in *Chronique médicale*, 15 février 1896.

(3) Si brillamment créée, avons-nous dit dans notre Avant-propos, par le Dʳ Maurice de Fleury. Nous trouvons dans sa très consolante *Introduction à la médecine de l'esprit*, la même remarque appliquée à Victor Hugo : « Dans sa longue existence où il a vu périr tant d'êtres qui le tenaient de près, comptez combien sont rares les minutes

Mais cette transformation de la douleur en production artistique n'est pas absolue : la vibration douloureuse a changé de
rythme. Elle n'est pas étouffée : elle subsiste encore en-partie
à l'état d'Idée-Force ; et l'artiste qui, ayant pleuré, rappelle ses
larmes, ayant péché avoue sa faiblesse, est encore, à l'instant
même de son aveu, sanglottant et ému. Voici donc pourquoi
l'observation du « soi-même » est forcément vivante. C'est que
les documents passés se raniment à cette émotion résiduelle,
sous laquelle tremble encore la main qui les écrit.

Pourtant il ne suffit pas qu'une idée soit dolente pour être
belle. On peut souffrir toute une vie sans avoir — fût-ce une
minute — fait œuvre d'artiste. Il est des douleurs mesquines,
les plus aiguës pour certains.

Et l'on pourrait, à ce point de vue, se bâtir une classification
des grandes diathèses physiques et mentales. D'un côté :

« ... Ces maladies, dit Xavier Aubryet, qui, malheureusement
peut-être pour leurs victimes, avivent plutôt qu'elles n'étei-
gnent le foyer de la pensée, comme si le corps en se consu-
mant fournissait plus d'aliments à la flamme intellectuelle » (1).

Cette lucidité volontiers s'extériorise, devenant pour le patient
sujet délicat et favori de conversation. « Les Tartarins de la
douleur », les appelait Daudet en y mettant au premier rang
les ataxiques au début, dont lui-même. Longtemps avant sa
mort, il avait d'ailleurs projeté de publier son authentique
observation, complétée de traits empruntés à ceux qu'il appelait
ses « sosies de douleur » : H. Heine et Aubryet.

Cette sorte de testament littéraire devait s'appeler *Mes Douleurs*. « Je sais, disait-il, à ce sujet au Dr Cabanès, je sais qu'on
me reproche de mettre trop de complaisance à m'étudier, et ce
reproche, nos voisins les Anglais, qui sont si bien renseignés

---

d'accablement moral et comme il versa peu de larmes personnelles pour lui tout seul.
Mais ses sensations n'en furent pas moins véhémentes... Au lieu de se laisser surme-
ner, torturer par ces *forces* qui l'envahissaient, au lieu de s'y complaire, il les resti-
tuait sous forme de travail ».

(1) Xavier Aubryet, *Philosophie mondaine*.

sur notre littérature, me l'ont signifié sous une forme bien inattendue : un caricaturiste de là-bas a imaginé de me représenter faisant des grimaces, des contorsions devant une glace et les notant sur le papier. Heureusement, je ne me suis pas ému de ces critiques. Mon livre viendra, malgré tout, en son temps » (1).

De la même maladie Aubryet nous a laissé, outre des descriptions exactes à en frissonner comme celles précédemment citées, une très curieuse étude de « Psychologie mondaine ». Narquois et acéré, il note la sympathie première de l'entourage pour le débutant en ces interminables douleurs, l'indifférence finale de tous pour ces dénoûments funèbres *qui ont des longueurs.*

« Il prenait d'ailleurs plaisir à conter toutes ses angoisses devant le moindre mouvement à faire, le transport de sa chaise à son lit, le plus petit choc prenant tout le suraigu douloureux d'une opération chirurgicale, et ses terreurs, chaque soir, devant la nuit qui venait, et le besoin impérieux, apeuré, qu'il avait de ce tic-tac d'une pendule » (2).

La neurasthénie à forme cérébrale, pour être d'allure moins suppliciante, est tout aussi féconde. Elle a présidé, de l'aveu formel des de Goncourt, à la genèse douloureuse de leur œuvre totale ; et c'est peut-être son originalité, écrivait Edmond à Zola, au lendemain de la mort de son frère, « que ces peintures de la maladie, nous les avons tirées de nous-mêmes, et qu'à force de nous détailler, de nous étudier, de nous disséquer, nous sommes arrivés à une sensibilité supra-aiguë que blessaient les infiniment petits de la vie. Je dis nous, car, quand nous avons fait *Charles Demailly,* j'étais plus malade que lui. Hélas ! il a pris la corde, depuis. *Charles Demailly !* C'est bien singulier, écrire son histoire quinze ans d'avance ! Cette histoire, cependant, n'a pas été, Dieu merci, tout à fait aussi horrible » (3).

(1) *Chron. médicale,* 15 fév. 1896, p. 103.
(2) Clarelie, *Vie à Paris,* 1880, p. 445-446.
(3) *Chronique médicale,* 15 février 1896.

Ce n'était d'ailleurs pas une œuvre stricte d'autoréminiscence. Comme Daudet empruntant à ses « sosies » les documents complémentaires de son propre sujet, les frères de Goncourt, pour parfaire ce type de « fou lettré qui lutte contre la folie envahissante » s'étaient adressés aux recueils spéciaux. Souvent, en effet, l'auto-observation n'est que le *point de départ,* l'élément initial d'une étude que vient élargir l'intelligente assimilation des matériaux techniques. Il serait dès lors déplacé, inexact et injuste, de s'obstiner à retrouver l'auteur derrière le moindre geste de son protagoniste littéraire : un cas de neurasthénie évoluant dans une mentalité d'artiste et d'érudit peut être initiateur d'un tableau plus complet.

C'est à ce titre que nous nous permettrons de donner, en ce chapitre, le *schéma clinique* du prodigieux et complexe *A Rebours* (1).

OBSERVATION β

D'après J.-K. HUYSMANS

Hystéro-neurasthénie.

Jean Floressas des Esseintes, âgé de 30 ans.

Antécédents héréditaires : Issu d'une famille primitivement robuste composée « d'athlétiques soudards, de rébarbatifs reitres »... « Par un singulier phénomène d'atavisme », il ressemble à l'antique aïeul qui, au xvi° siècle, introduit dans la race des éléments de dégénérescence et chez lequel se marque « la prédominance de la lymphe dans le sang ». « Comme pour achever l'œuvre des âges, les des Esseintes marièrent pendant deux siècles leurs enfants entre eux, usant leur reste de vigueur dans les unions consanguines »'.

Père mort, il y a treize ans — des Esseintes atteignait alors sa dix-septième année — « d'une maladie vague ».

Mère : « Longue femme silencieuse et blanche » ne pouvant sup-

---

(1) J.-K. Huysmans, *A Rebours*, Charpentier, 1884. .

porter sans crises de nerfs la clarté et le bruit... « est morte d'épuisement ».

Il est « le seul rejeton » de la famille.

Antécédents personnels : Il eut une enfance « funèbre », menacée de scrofules, accablée par d'opiniâtres fièvres. « Depuis son extrême jeunesse, il avait été torturé par d'inexplicables répulsions, par des frémissements qui lui glaçaient l'échine, lui contractaient les dents ; par exemple quand il voyait du linge mouillé qu'une bonne était en train de tordre ».

D'intelligence précoce et vive, il « s'abreuvait » déjà de solitude.

A la nubilité, « les nerfs prirent le dessus, matèrent les langueurs et les abandons de la chlorose ».

Il usa de l'opium et du haschich, « mais ces deux substances avaient amené des vomissements et des perturbations nerveuses intenses. Il avait dû tout aussitôt renoncer à les absorber ».

A la suite d'excès de tous genres « la nuque devenait déjà sensible et la main remuait, droite encore lorsqu'elle saisissait un objet lourd, capricante et penchée quand elle tenait quelque chose de léger, tel qu'un petit verre ».

Ecœuré du contact de ses semblables, il décide de se blottir loin du monde, de se calfeutrer dans une retraite pour y vivre une existence factice.

Histoire de la maladie : Dans ces conditions, le surmenage par la sensation ne tarde pas à agir en exagérant la tendance morbide.

L'activité se transforme en rêverie. « Des Esseintes rêvassait .. lancé à toutes brides sur une piste de souvenirs effacés.

» La solitude avait agi sur son cerveau, de même qu'un narcotique. Après l'avoir tout d'abord énervé et tendu, elle amenait une torpeur hantée de songeries vagues ; elle annihilait ses desseins, brisait ses volontés, guidait un défilé de rêves qu'il subissait passivement, sans même essayer de s'y soustraire ».

Après un repos de courte durée, la maladie reprend son cours, ramenant d'anciens accidents qu'une vie plus réglée, plus calme, avait lentement fait disparaître.

Pour conjurer le danger, il voulut sortir, se força à marcher, à prendre de l'exercice ; « mais le passage entre l'immobilité d'une vie recluse et le mouvement d'une existence libérée avait été trop brusque ». Une très vive impression causée par la contemplation de plantes exotiques et monstrueuses fait éclater la crise.

ETAT ACTUEL. — *Habitus extérieur :* « Grêle jeune homme de 30 ans, anémique et nerveux, aux joues caves, aux yeux d'un bleu froid d'acier, au nez éventé et pourtant droit, aux mains sèches et fluettes ».

Signes généraux : Il entreprend assez facilement une œuvre, mais la fatigue vient vite avec des étourdissements, un besoin de s'appuyer ou de s'asseoir s'il est debout. Elle persiste « ébranlant encore ses nerfs rompus, le jetant dans une telle prostration » qu'il s'affaisse évanoui, presque mourant.

Il est sensible aux variations atmosphériques, « semblable à tous les gens tourmentés par la névrose, la chaleur l'accablait ».

Parmi les stimulants habituels, l'alcool lui fait éprouver, « durant quelques minutes, un soulagement » mais accroît ensuite les défaillances.

SYMPTÔMES NERVEUX. — *Etat mental :* Il est tourmenté d'inquiétudes. La crainte de cette maladie avait fini par déterminer la maladie elle-même. Incapable d'une activité quelconque, « il était maintenant incapable de comprendre un mot aux volumes qu'il consultait », il se rangeait parmi ces *épigones* de Nietzche, toujours tourné vers le passé.

« Son ennui devint sans borne, des obsessions libertines et mystiques hantaient, en se confondant, son cerveau. Il sortait de ces rêveries anéanti, brisé, presque moribond ».

Cauchemars, insomnie : « Il craignit de s'endormir... il resta étendu sur son lit des heures entières, tantôt dans de persistantes insomnies et de fiévreuses agitations, tantôt dans d'abominables rêves que rompaient des sursauts d'homme perdant pied, dégringolant du haut en bas d'un escalier, dévalant sans pouvoir se retenir au fond d'un gouffre ».

« Les couvertures le gênaient, il étouffait sous les draps et il avait des fourmillements par tout le corps, des cuissons de sang, des piqûres de puces le long des jambes ».

Troubles de la sensibilité. — Hallucinations de l'odorat : « Sa chambre embauma la frangipane; il vérifia si un flacon ne traînait.

pas débouché, il n'y avait pas de flacon dans la pièce ; il passa dans son cabinet de travail, dans sa salle à manger, l'odeur persista ». Puis, à la suite de la *symphonie olfactive,* « à nouveau la frangipane dont son odorat avait perçu les éléments... assaillit ses narines excédées, ébranlant encore ses nerfs rompus... »

Perversions du goût : Il a le désir d'une « immonde tartine » mâchée par un « sordide gamin ». Il lui semble « que son estomac, qui se refusait à toute nourriture, digèrerait cet affreux mets et que son palais s'en réjouirait comme d'un régal ».

Céphalée caractéristique : « ... la sensation qu'un étau lui comprimait les tempes ».

Douleurs névralgiques « qui lui coupaient en deux la face, frappaient à coups continus les tempes, aiguillaient les paupières, provoquaient des nausées qu'il ne pouvait combattre qu'en s'étendant sur le dos, dans l'ombre ».

Symptômes digestifs. — « Les défaillances de son estomac ne lui permettaient plus d'absorber des mets variés et lourds ».

Les douleurs « allaient au ventre ballonné, dur, aux entrailles traversées d'un fer rouge, aux efforts inutiles et pressants..... enfin l'appétit cessa, des aigreurs gazeuses et chaudes, des feux secs lui parcoururent l'estomac ; il gonflait, étouffait, ne pouvait plus, après chaque tentative de repas, supporter une culotte boutonnée, un gilet serré ». Nausées fréquentes.

Symptômes respiratoires. — Essoufflement rapide, une « toux nerveuse, déchirante, aride, commençant juste à telle heure, durant un nombre de minutes toujours égal, le réveilla, l'étrangla au lit ».

Marche, traitement. — La marche de la névrose n'est pas régulièrement progressive. « Pendant cette singulière maladie qui ravage les races à bout de sang, de soudaines accalmies succèdent aux crises ».

La liste est longue, des traitements suivis : hydrothérapie, suppression des alcools, du café et du thé, régime lacté, promenades et exercice, assa fœtida, valériane et quinine, sans compter l'emploi d'une thérapeutique morale où « il essaya des lectures émollientes, tenta, en vue de se réfrigérer le cerveau, des solanées de l'art, lut ces livres si charmants pour les convalescents et les mal à l'aise... les romans de Dickens ». Il lui arrive enfin de se réveiller « tout valide, un beau matin ».

Une rechute se produit et encore il « se rétablit en quelques jours » au point d'avoir l'idée d'un voyage à Londres.

Mais les symptômes gastriques s'aggravent, nécessitent l'emploi du « sustenteur ». « Il dépêcha son domestique à Paris, à la recherche du précieux instrument, et, d'après le prospectus que le fabricant y joignit, il enseigna lui-même à la cuisinière la façon de couper le rosbif en petits morceaux, de le jeter à sec dans cette marmite d'étain, avec une tranche de poireau et de carotte, puis de visser le couvercle et de mettre le tout bouillir au bain-marie pendant 4 heures ».

Malgré le sustenteur « la dyspepsie nerveuse se réveilla ». La maladie reprit sa marche, des phénomènes inconnus l'escortèrent. « Après les cauchemars, les hallucinations de l'odorat, les troubles de la vue, la toux sèche, réglée de même qu'une horloge, les bruits des artères et du cœur et les suées froides; surgirent les illusions de l'ouïe, ces altérations qui ne se produisent que dans la dernière période du mal ».

La déchéance s'accentue. « La figure était couleur de terre, les lèvres boursouflées et sèches, la langue ridée; la peau rugueuse..., les yeux agrandis et liquoreux qui brûlaient d'un éclat fébrile dans cette tête de squelette hérissée de poils ». Il se crut perdu, puis dans l'accablement qui l'écrasa, une énergie d'homme acculé le mit sur son séant, lui donna la force d'écrire à son médecin ».

Traitement par les lavements nutritifs à la peptone d'abord, puis préparés suivant la formule :

Huile de foie de morue. . .	20 grammes.
Thé de bœuf. . . , ...	200 grammes.
Vin de Bourgogne	200 grammes.
Jaune d'œuf	Nº 1.

« Puis l'estomac se décida à fonctionner », les nausées et les vomissements sont domptés par la bière de gingembre et la potion antiémétique de Rivière et on parvient à lui faire avaler, par les voies ordinaires, un sirop de punch à la poudre de viande.

Enfin, peu à peu, les organes se restaurent; « aidées par les pepsines, les véritables viandes furent digérées ; les forces se rétablirent »... « le moment échut où il put demeurer levé pendant des après-midi entières ».

Les fonctions digestives relevées, on devait « attaquer la névrose nullement guérie » nécessitant « des années de régime et de soins » et d'abord l'obliger à « rentrer dans la vie commune ».

.·.

Pas plus qu'*A rebours* pour M. Huysmans, le *Horla* n'est, pour Guy de Maupassant autobiographie faisant, en matière de diagnostic personnel, foi et lumière. L'appareil des symptômes qui s'y déroulent, les hallucinations, les tristesses, les craintes qui en font un terrible drame de Phobie... la Phobie de l'Invisible, tout cela est vrai, effrayamment vrai. « Le *Horla*, l'être fantastique, l'invisible puissance dont on subit d'abord le voisinage mystérieux le *Horla* intangible mais réel, qui possède les âmes et abolit les volontés, tue le courage ; « ce rôdeur d'une race surnaturelle », n'est-ce pas la *folie* qui rôde sans cesse autour du lettré, le guette, prête à fondre sur lui pour « en faire sa chose, un dément qu'on enfermera vivant dans une cellule qui s'ouvre sur une tombe ? »

Ainsi commente très judicieusement Burlat (1) mais il conclut un peu à la légère en étiquetant le *Horla* « une œuvre de *folie* par un candidat à la folie » (2), généralisant ainsi à la mentalité de l'auteur quelques troubles seulement épisodiques de sa vie morbide. Ce ne fut point la *folie* mais la paralysie générale qui terrassa Maupassant. Et la terrible diathèse ne comporte point d'hallucinations. Nous les attribuerons, avec le Dr Régis, aux intoxications variées dont, à plaisir, l'auteur du *Horla* avait pris soin lui-même de compliquer sa mentalité.

.·.

Les qualités de vie, de puissance, signalées plus haut comme spéciales à l'auto-observation rendirent jaloux ceux qui n'en pouvaient disposer. Devant le succès de cette méthode — apa-

---

(1) Burlat, *Le roman médical.* Thèse Montpellier, 1898.
(2) *Ibidem.*

nage des esprits malades ou des corps débiles — il arriva ceci :
que loin de chérir l'équilibre et la force, on se prit à aimer
leurs contraires. L' « Amour du mal », suivant la forte expression de Paulhan, se substitua peu à peu au culte rigoureux et
poncif qui jusque là prônait le bien. Non seulement les faibles
ne prirent soin de cacher leurs faiblesses mais les normaux
désirèrent s'affaiblir (1). Et il fut loin, le « beau temps de 1830
où nos poètes, taillés en hercules, se surmenaient sans en souffrir, ne causaient qu'à voix de Stentor, pouvaient se passer de
sommeil, digéraient des repas de reîtres, vidaient d'un trait des
flacons d'eau-de-vie et ne se sentaient jamais plus dispos au
travail que quand ils étaient un peu gris » (2).

L'alcool parut inefficace, les névroses rebattues et usées...
L'on s'adressa aux poisons orientaux.

Nous voici donc arrivé, par une marche logique, à une issue
de chapitre exactement inverse de la précédente : l'observation
objective, en s'épurant, atteignait, nous l'avons vu, le stade
involontaire; l'observation subjective, en s'exagérant, aboutit,
au contraire, à la *Consciente expérimentation.*

Le type un peu outré de ces explorateurs spirituels nous fut
donné tout récemment par P. Bonnetain (3), qui, sur le conseil
d'Alph. Daudet, avait résolu d'écrire un roman sur l'*opium.*
Sans doute pour entourer son expérience de plus de couleur
locale — car le déplacement n'était pas nécessaire pour se procurer la « fumée brune » — il alla passer deux ans en Extrême-
Orient.

Les maîtres, là-dessus, restent pourtant Baudelaire et Th.
Gauthier pour le haschisch; Thomas de Quincey pour l'opium.

Le premier semble avoir renoncé bien vite à ses tentatives.
« Qu'il ait essayé une ou deux fois du haschisch (4) comme
expérience physiologique, cela est possible et même probable;

---

(1) V. Paulhan, *L'amour du mal.*

(2) M. de Fleury, *Introduction à la médecine de l'esprit,* p. 122, Alcan, 1898.

(3) P. Bonnetain, ex-sergent d'infanterie de marine, puis résident de France au
Laos, *L'opium.*

(4) Th. Gauthier, préface des *Fleurs du mal.*

mais il n'en a pas fait un usage continu... Il ne vint que rarement et en simple observateur aux séances de l'hôtel Pimodan, où notre cercle se réunissait pour prendre le « Dawamesk », séances que nous avons décrites autrefois dans la *Revue des Deux-Mondes,* sous ce titre « le Club des Haschischins » en y mêlant le récit de nos propres hallucinations ». Le déterminisme rigoureux des visions du Haschisch ne pouvait, en effet, sourire à cet amoureux de la volonté libre, de la volonté seule maîtresse, pour lui, de l'inspiration. M. Catulle Mendès fut plus indulgent; il a conservé de ses expériences d'antan d'ingénieux souvenirs, comme celui qu'il a bien voulu lui-même nous détailler et qui indique très nettement le désir d'analyse poursuivant l'artiste : alors que, de concert avec Villiers de l'Isle-Adam, il s'essayait aux « Paradis artificiels », une vision obsédante, identique à elle-même, le hantait tous les soirs : dans une forêt dense et pourtant lumineuse, des arbres sans feuillage dressaient d'un seul jet leurs troncs cylindriques luisant comme de l'or, le long desquels montaient et descendaient, alternativement, de grands singes couleur d'émeraude. La vision disparue, le poète chercha longtemps quel pouvait en être le point de départ, cet élément de réalité nécessaire à toutes les pseudo créations du haschisch. Il finit par le trouver, sous l'aspect le plus mesquin d'un vulgaire chandelier de cuivre (la forêt aux troncs d'or), le long duquel sa chandelle, en bavant, laissait des traînées de vert-de-gris (les singes d'émeraude).

Pour l'opium, Baudelaire avait un guide plutôt que de personnels souvenirs : Thomas de Quincey, helléniste distingué, écrivain supérieur, homme d'une respectabilité complète (1), qui osa jeter à la face pudibonde de l'Angleterre l'aveu de sa passion pour la « Noire idole », « décrire cette passion, en représenter les phases, les intermittences, les rechutes, les combats, les enthousiasmes, les abattements, les extases et les fantasmagories suivies d'inexprimables angoisses » (2).

---

(1) Th. Gauthier, préface des *Fleurs du mal.*
(2) Thomas de Quincey, *Confessions of English eater.* Mangeur et non pas

De telles expériences ne valent que par les résultats artistiques
qui peuvent en découler. Et parmi les genres variés que l'homme
inventa de se désagréger, tous ne sont pas susceptibles d'être
l'objet d'esthétiques recherches. Outre qu'il est souvent délicat
de déterminer où finit l'expérimentation sincère — et commence
l'habitude naissante, — il se trouve dans la hiérarchie par degré
d'intellectualité des intoxications, des modes stériles, — les uns
par amnésie subséquente (alcool) — les autres par sécheresse,
infécondité spécifique (nicotine) (1). L'on ne saurait reprocher à
Zola de n'avoir pas couronné la documentation nécessaire à
l'*Assommoir* — et en particulier à la scène magistrale de delirium qui la clôt — par une personnelle expérience d'éthylisme
suraigu. Ni, de même, à André Couvreur — de ne s'être adonné
aux liqueurs spiritueuses pour mieux se préparer à décrire dans
sa *Source fatale* les méfaits supra-connus du fléau — mais il
reste heureusement aux littérateurs un champ immense, vieux
comme le monde, à exploiter; un champ aux récoltes aussi
toxiques que les plus vénéneuses plantations. L'alcaloïde qui
s'en extrait n'est point susceptible de se réduire en formules
actuelles; il n'appartient « ni à la chimie minérale, ni à la
chimie organique, il appartient à la psychologie... »

« C'est un poison tout de même et se comportant comme un
poison » (2). Ses symptômes extérieurs sont communément dési-
gnés dans la toxicologie mentale sous la rubrique : *Intoxication-
Amour.*

Car l'amour, a très finement indiqué M. le docteur Maurice

---

fumeur, ce qui est absolument dissemblable comme symptômes et pronostic. « Le
fumeur d'opium est aussi différent de celui qui avale le produit que manger un cigare
pourrait l'être de le fumer. Tous les alcaloïdes, la morphine en particulier, ne sont
que peu volatils à 250°, température ordinaire à laquelle l'opium bout et s'évapore en
dégageant des *vapeurs* (et non fumée) bleuâtres que le fumeur absorbe. Cette vapeur
est donc beaucoup moins toxique que l'opium lui-même ». Dr Laurent, *Psycho-phy-
siologie du fumeur d'opium*, extrait d'un manuscrit encore inédit.

(1) Nous parlons ici des intoxications prises comme matière à description et non
considérées comme excitants propres à fouetter le cerveau.

(2) Dr Maurice de Fleury, *Introduction à la médecine de l'esprit.*

de Fleury, a toute l'allure d'une intoxication. Nous entendons parler ici de l'amour « triste, plaintif, dolent », de l'amour tel qu'il évolue chez les affinés ou exaspérés, et non du sentiment « joyeux, alerte, sain, sans remords, sans amertume », assez peu efficace et fécond, vraiment, comme matière esthétique.

Comme les intoxications précédemment citées, sa caractéristique est de « n'être apaisé dans sa souffrance que par une satisfaction qui l'entretient et qui l'augmente sitôt après » (1).

L'on peut tracer en graphique précis ses cycles habituels, évaluer en ordonnées ses exacerbations ou son déclin.

Inutile de citer, bénévoles ou passifs, tous les adeptes de l'intoxication-amour dans le monde des lettres. Car les grands artistes furent le plus souvent de profonds amoureux, et depuis trois cents ans la séméiologie des troubles qu'ils en éprouvèrent se murmure en prose, se déclame en vers, se chante en musique. Son règne littéraire a vu naître et passer les écoles et les genres. Jusqu'à présent justiciable seulement d'études empiriques, le voici qui se dose et se mesure, et se schématise.... Les chimistes sans doute vont en tenter l'analyse.

Nous avons déjà ce *Disciple* (2) minutieux et prolixe ayant en guise d'humaine cervelle quelque chose comme une « mécanique à penser », enregistrante et totalisante. Nous avions encore la *Fin d'un flirt* où Em. Pierret tentait d'illuminer la vieille trame romanesque des aperçus si ingénieux cités plus haut, et, textuellement, intercalait des courbes d'exacerbation amoureuse. Nous aurons bientôt sans doute le roman-type d'une telle expérimentation. « Et qui sait, ajoute M. de Fleury, si le xxᵉ siècle n'écrira pas Werther à sa manière, avec figures dans le texte, chez un éditeur médical ? » (3)

La vérité physiologique y gagnera peut-être, mais l'intensité d'émotion, l'expression aiguë qui nous charment en l'introspection moins scientifique de nos poètes d'aujourd'hui seront mortes, desséchées. — Comme un tracé de sphygmographe exact et glacial.

---

(1) Docteur Maurice de Fleury, *Introduction de la médecine de l'esprit*, p. 352.
(2) Paul Bourget, *Le disciple*.
(3) *Ibid*.

CHAPITRE IV

Il est toujours délicat de hiérarchiser en matière de procédés scientifiques. Une méthode vaut surtout en raison de celui qui l'exploite. Si nous comparons cependant en valeur documentaire l'observation objective, l'observation subjective et la documentation indirecte, dont nous allons maintenant analyser l'emploi, nous trouvons cette dernière d'une exactitude moins rigoureuse. La documentation indirecte est obtenue de *seconde main* par les fréquentations médicales, le commerce assidu, parfois, des traités techniques, mais souvent aussi par le feuillettage distrait de ces mêmes traités.

Elle se distingue de l'observation directe par la même nuance qui sépare l'Erudition de la Science; c'est-à-dire que l'une est aisément acquise, commodément étendue, se diffuse et s'évague au gré des relations professionnelles de « l'érudit écrivain », reste fonction de sa bibliothèque et de sa mémoire aidée d'un nombre imposant de fiches. Tandis que l'autre, étude *directe* et *scientifique* de la réalité, demeure hautaine, spécialisée, serrée, véritablement documentaire.

L'observation indirecte devient vite surabondante, confine parfois au fatras, déchoit jusqu'au degré infime de la *vulgarisation scientifique,* qui nous semble, en matière de science, l'exact répondant du *feuilleton* quotidien, pitance littéraire d'une importante partie de notre société.

L'usage dominant de l'une ou de l'autre méthode chez tel écrivain peut d'ailleurs s'évaluer en chiffres concrets. Sans donner aucune importance littéraire à cette statistique d'éditeur, rapprochons les quarante volumes qui enferment l'incessante et maintenant annuelle production de M. Zola, des huit volumes tassés et brefs auxquels se réduit l'œuvre totale de Flaubert et nous aurons cette première indication que l'observation directe, capitale pour Flaubert, n'eut qu'une part restreinte dans les incursions scientifiques de M. Zola (1).

C'est d'ailleurs son œuvre immense et touffue que nous prendrons comme type de cette troisième méthode d'investigation médicale. Mais nous devons auparavant signaler quelques autres exemples de son emploi.

Alexandre Dumas fils manifesta toujours des velléités scientifiques. Le Dʳ Dumontpallier, qui resta longtemps son confident et son guide, a dit sa curiosité des nouvelles Idées. « Il m'avait beaucoup interrogé au moment où Brown-Séquard communiqua à l'Institut le résultat de sa dernière découverte, vous savez, son fameux élixir de Jouvence. C'était étrange, c'était nouveau... il n'en fallait pas davantage pour que mon Dumas fût empaumé, je devrais dire emballé, car il fut, dès le principe, un des plus fervents adeptes des nouvelles doctrines, un adepte, plutôt un

____

(1) Flaubert, dira-t-on, fut le premier à recourir à l'Erudition, autant qu'elle lui fut nécessaire : « Il lisait alors (1874) dit le docteur Michaut (in *Chronique médicale*, 1901, 1ᵉʳ août, p. 487) l'*Histoire de la médecine* de Daremberg, la *Création naturelle* de Hæckel, le *Manuel de Phrénologie* de la collection Roret, des articles du dictionnaire Jaccoud, etc., sans doute conseillé dans ses lectures par le docteur Pouchet (de Rouen); *Bouvard et Pécuchet* lui demandait une documentation très variée, et il ne reculait, on le sait, devant aucune lecture, si technique fût-elle..... » Mais les données que lui fournit ce genre de recherches ne furent jamais pour lui qu'un *point de départ,* et leur assimilation tellement parfaite qu'il est impossible de retrouver en son œuvre leurs traces textuelles. On ne pourrait en dire autant de M. Zola.

apôtre, prêchant d'exemple et de parole : « Songez donc, me disait-il, la vie de l'être, de l'Humanité, est là toute entière !... »

«... Quand je fis mes expériences sur l'aimantation, il prit feu comme toujours. « Mais c'est du magnétisme » s'écriait-il. Et il rappelait les expériences de Puységur, de du Potet, etc. Il ne fut pas moins intéressé par les phénomènes de suggestion. Charcot s'était arrêté au *Braidisme* j'arrivai jusqu'à la *suggestion*. La préceta de Brown-Séquard en tête du livre de Braid, les travaux de Carpenter sur l'*Expectant Attention* m'avaient dessillé les yeux. Charcot avait nié Burcq pendant longtemps, mais à la fin de sa vie il lui rendit un sérieux hommage.

» ... Quand je causais de tout cela avec Dumas : « Mais c'est un monde nouveau » s'écriait-il (1). « C'était, ajoute l'éminent professeur un grand *curieux* ». Curiosité pure, croyons-nous en effet de la part d'un esprit aussi radicalement sceptique en matière de médecine. Il avait d'ailleurs, sur une note assez désinvolte, répondu à ce sujet au Dr Cabanès en **1891** :

«... Je n'ai fait aucune étude médicale suivie, j'ai lu beaucoup de livres de médecine, de physiologie et de biologie :

» Le dictionnaire de Robin et de Littré, le livre de Bróca, avec préface de Pozzi, la clinique de Charcot, l'anthropologie de Bossu, mais tout cela bien décousu et bien incohérent ».

Il termine finement :

«... Je ne crois pas beaucoup à la médecine, ce qui me permet d'aimer beaucoup les médecins, n'ayant plus rien à redouter d'eux. C'est surtout ainsi que j'ai appris le peu que je sais en physiologie... » (**2**).

Questionné sur le même sujet par le Dr Cabanès, E. de Goncourt avait peu insisté sur son répertoire bibliographique. On sent, en sa réponse brève, une nuance légère de dédain pour l'artificiel de cette méthode. « La chevelure électrique de la fille Elisa, c'est pris dans un livre ou dans une brochure de médecine dont je ne me rappelle plus le titre ni le nom de l'auteur » (3).

---

(1) *Chronique médicale,* 15 décembre 1895, p. 741-743.

(2) *Chronique médicale,* 15 décembre 1895, p. 749.

(3) M. le Dr Féré (*Pathologie des émotions,* préface) a retrouvé d'ailleurs la filiation

« Oui, j'ai lu pas mal de livres d'anatomie artistique modernes et anciens, entre autres les *Etudes d'anatomie de Charles
Bonnet* et pour la maladie de cœur de *René Maupérin*, mon
frère et moi avions pris des notes dans tous les livres de spécialistes sur les maladies de ces organes » (1).

Et c'est tout. Pudeur d'artiste, peut-être, n'aimant pas à étaler
ses outils, mais surtout emploi restreint chez lui de ladite
méthode. Ce cas nous semble encore celui de Huysmans, observateur merveilleux et *analyste* étonnant. Symboliquement, mais
avec quelle justesse, Rémy de Gourmont proclame en son « *Livre
des masques* » : « Huysmans est un *œil* ». Nous ajouterions : un
œil armé d'un microscope. Lorsqu'on possède une telle acuité
personnelle, il serait — pour tout ce qui est susceptible d'observation directe — injustifiable de s'adresser à la vision des autres,
aussi l'observation médiate est-elle en son œuvre aiguë d'emploi
très limité.

Les crises de tabès, d'une parfaite orthodoxie clinique, décrites dans « *En rade* », ne sont pas peintures d'atelier, mais
études sur le vif, nous assura très obligeamment M. Huysmans.

« *A rebours* », avons-nous dit, relève avant tout d'un point de
départ auto-neurasthénique, mais les documents relatifs à la
grande lèpre (2), en ses apparitions médiévales et ses manifes-
tations actuelles lui furent indirectement fournies par un reli-
gieux bénédictin que son titre profane de docteur en médecine
rendait apte à le documenter.

Le saut est brusque, nous l'avouons, du scrupuleux clinicien
d'*A rebours* au pimpant conteur de *Flamboche*. Mais l'absence de
transition en est parfois la meilleure. Et nous ne chercherons
même pas notre excuse dans l'identité des sujets traités. Car
Richepin lui aussi voulut décrire des lésions lépreuses (3).

---

bibliographique de cet épisode, il fut signalé au célèbre écrivain par le Dr Liouville
qui lui même l'avait découvert dans une note déjà très ancienne de la *Gazette des
Hôpitaux*. *Chronique médicale*, 1er août 1896, p. 459.

(1) *Chronique médicale*, 1er août 1896, p. 454. L'autographe est daté d'avril 1896.

(2) *Sainte Lidivine de Schiedam.*

(3) Richepin, « fils d'un médecin militaire des plus distingués, avait eu lui-même

... « Comment j'ai documenté médicalement *Flamboche,* cela n'a pas été aussi simple que vous pourriez le croire, répondit-il au D' Cabanès (1). Il y a longtemps déjà que je portais le sujet dans ma tête ; il y a longtemps que je voulais décrire un cas de lèpre, avec tous les phénomènes qui accompagnent cette triste maladie dont on ne voit plus, en Europe du moins, que de rares échantillons.

» Je dois tout d'abord vous dire que j'ai trouvé la plupart des renseignements techniques qui m'étaient nécessaires dans les papiers que m'a laissés mon père. Mon père, en sa qualité de médecin militaire, avait eu l'occasion d'observer des lépreux, en Algérie notamment, et il avait consigné ses observations dans des cahiers où je les ai retrouvées.

» Il tenait registre avec grand soin de toutes ses impressions ; c'est ainsi qu'il avait pris note des divers symptômes qu'il avait observés sur des lépreux de la province de Constantine. Ces malheureux, abandonnés des médecins et même de leur entourage le plus immédiat, traités en somme comme les lépreux du moyen-âge, allaient se faire toucher par un marabout, sorte d'exorcisme qui chassait le venin maudit. D'autres plongeaient leur corps délabré, tombant en loques, dans une eau du pays qui jouissait, disait-on, de vertus merveilleuses.

» Plus tard il m'a été donné de voir beaucoup d'affections de la peau à l'hôpital militaire de Besançon où mon père dirigeait un service. Mais ce qu'il y a de plus curieux, c'est que j'ai rencontré un jour toute une colonie de lépreux, en France même, du côté de Sarrau, dans le Morbihan, et cela peu de temps avant d'écrire mon roman. J'étais heureux de cette occasion qui s'offrait de rafraîchir ma mémoire par une vision directe. Jusque dans ces dernières années, le petit pays dont je vous parle était, en grande partie, peuplé par de pauvres hères au teint blafard, à l'aspect souffreteux, au corps émacié, au visage d'une pâleur

---

un instant la velléité d'aborder la carrière médicale ». *Chronique médicale,* 15 janvier 1896, p. 36.

(1) *Ib.,* p. 36 à 41.

caractéristique et dont les téguments-étaient empâtés d'une bouf-
fisure spéciale ; on les aurait reconnus entre mille ; il suffisait
de les avoir vus une fois... »

« Pour les questions qui se rattachent à l'histoire pathologique
de la lèpre, la contagion encore si controversée..... l'impuissance
presque absolue des moyens thérapeutiques contre cette bizarre
maladie, etc., toutes ces notions ont été puisées, vous devez le
penser, aux bonnes sources. J'ai eu, du reste, toujours beaucoup
de goût pour tout ce qui touche à la médecine. Etant encore sur
les bancs du collège, tandis que je faisais une année de philosophie à Douai, j'allais suivre le plus souvent que cela m'était
possible les cours de médecine à l'Ecole secondaire de Lille qui
était voisine. C'est à l'hôpital de cette ville que j'ai vu pour la
première fois des sujets atteints de fièvre typhoïde. J'en ai revu
ensuite au Val-de-Grâce, puis en Afrique et plus tard à Besançon.
Je n'ai donc pas décrit, de chic, l'observation de fièvre typhoïde
qui se trouve tout au long rapportée dans *Madame André*. Je
connaissais d'autant mieux cette affection que mon père avait
pris pour sujet de thèse de doctorat la fièvre typhoïde. Aussi
me suis-je attaché, et je crois y avoir réussi, à faire une description avant tout exacte. Si vous lisez ce chapitre de *Madame
André* vous pourrez voir que j'ai d'abord relevé les symptômes
du début :

» Les frissons, l'élévation de température, la langue tuméfiée,
le gargouillement de la fosse iliaque droite se manifestant à la
palpation ; puis la céphalalgie, qui vous étreint comme un étau
ou vous taraude comme une vrille et qui vous met vraiment du
plomb dans la tête ; je n'ai pas oublié les tranchées intestinales,
ni le saignement de nez si fréquent au cours de l'affection dans
la première période. Mon malade a eu du délire, puis après le
premier septennaire, je n'ai pas manqué de signaler les petites
taches rosées lenticulaires dont sa poitrine était mouchetée ; aux
taches ont succédé les cloques qui s'écrasent sous le doigt en
laissant sur la peau une goutte de sueur ; ce que vous, médecins,
appelez les sudamina, n'est-ce pas ? Je crois ne m'être pas trop
éloigné de la réalité dans cette description : au moins ai-je fait

tous mes efforts pour y atteindre. L'état de la bouche, béante comme un trou, des dents « déchaussées et jaunies par un tartre fuligineux », de la langue, sèche, coupée de crevasses, noirâtre et tremblante ainsi qu'une « langue de perroquet » de même la coloration violette des gencives, sont reproduits d'après l'observation directe, et je n'ai rien enjolivé, ou plutôt... enlaidi. Le délire revient plus violent pendant le second stade de la maladie puis les évacuations intestinales, les vomissements de bile, d'une odeur infecte et enfin apparaît la troisième période, où le mal évolue vers le mieux ou le pire. Mon malade revient à la vie grâce à la médication stimulante, les préparations de musc, de quinine, etc. et peut-être aussi grâce à la nature médicatrice. Enfin, j'ai décrit la convalescence avec les phénomènes qui l'accompagnent; les fringales surtout; l'appétit d'aliments... et du reste, vous comprenez sans que j'aie besoin d'insister ! » (1).

Nous n'avons pas voulu morceler ce récit, bien qu'il portât en grande partie sur l'observation directe, pour donner un exemple concret de l'étroite façon dont s'engrènent et se complètent — avons-nous dit — les différents modes d'investigation médicale.

Nous voici de retour à l'œuvre de M. Zola, exemple-type d'érudition médico-littéraire, œuvre *énorme* en raison de l'énormité du procédé, œuvre *lourde* en raison du défaut d'assimilation de plusieurs de ses matériaux, œuvre *imprudente,* souvent, en raison des droits arrogés, mais œuvre *superbe,* de par sa sincérité. Nous allons en tenter une monographie clinique.

La tâche est aisée. M. Zola, dans un de ses derniers ouvrages, plaidoyer exclusivement littéraire, a pris soin, très amplement, de nous en fournir les matériaux. La justification nécessaire de son livre « *Rome* », à propos duquel on le taxait de compilateur, reste en même temps un excellent aveu de ses procédés préférés :

---

(1) *Chronique médicale,* 15 janvier 1896, p. 36.

« Me voilà donc forcé de répéter, une fois de plus, quelle est ma méthode de travail. Et j'élargis la question. Il ne s'agit donc pas de moi, mais du romancier en général, qui, comme moi, a l'ambition de tout voir, de tout dire. Le vaste monde est ouvert, il n'est pas de sujet qu'il ne puisse aborder, et il devra dès lors s'occuper d'histoire, de philosophie, de sciences ; il touchera à tous les métiers, il examinera toutes les professions. C'est dire que, selon l'idée que je me fais du roman moderne, le romancier est tenu d'avoir des connaissances universelles.

» Pour mon compte, ma méthode n'a jamais varié depuis le premier roman que j'ai écrit. J'admets trois sources d'information : les livres, qui me donnent le passé ; les témoins, qui me fournissent, soit par des œuvres écrites, soit par la conversation, des documents sur ce qu'ils ont vu ou sur ce qu'ils savent, et enfin l'observation personnelle, directe, ce qu'on va voir, entendre ou sentir sur place. A chaque nouveau roman, je m'entoure de toute une bibliothèque sur la matière traitée, je fais causer toutes les personnes compétentes que je puis approcher, je voyage, je vais voir les horizons, les gens et les mœurs. S'il existe une quatrième source d'information, qu'on me la désigne et vite je courrai m'y abreuver ».

C'est avec persistance que M. Zola place en troisième lieu l'observaion directe. Il la croit insuffisamment étendue en présence du champ énorme qu'il escompte embrasser. Il juge au contraire la documentation indirecte, en ses allures de « connaissance universelle », plus susceptible de satisfaire sa conception gigantesque du roman. Nous avons donc cru rester dans la note, en cherchant dans ses œuvres un exemple analysable de cette troisième méthode. Nous nous sommes arrêté au cas d'éthylisme chronique qui se déroule à travers l'*Assommoir*, justifié en ce choix par l'indication précise de l'auteur même. « La mort de Coupeau, dans un accès de *delirium tremens*, est la reproduction textuelle d'une observation de chef de clinique faite à Sainte-Anne » (1). On la retrouverait dans une leçon du

---

(1) Emile Zola, *Nouvelle campagne*, même édit., p. 251.

docteur Magnan. M. Zola, à cette époque, fréquentait assidu-
ment sa clinique (1).

OBSERVATION γ (2)

D'après ZOLA

Alcoolisme chronique.

Coupeau (Louis), 52 ans, ouvrier zingueur.

Antécédents héréditaires : Père alcoolique, mort d'une chute « un
jour de ribote » (p. 554).

Mère alcoolique, morte à 74 ans d'un accès d'asthme.

Un frère mort très jeune « dans des convulsions » (p. 555).

Deux sœurs vivantes : l'une continuellement obsédée d'idées obs-
cènes, l'autre simplement égoïste et revêche.

Antécédents personnels : Jusqu'à 32 ans, reste sobre et d'excellente
santé. Tombe un jour d'une toiture, se fracture la jambe droite. Se
lève au bout de deux mois. Convalescence assez longue à la suite de
laquelle il prend des habitudes flâneuses, et, peu à peu, s'alcoolise.
Se remet au travail, mais irrégulièrement (p. 174), se « cuite »
décidément (p. 178). C'est une première période d'éthylisme aigu
permanent (p. 191). Ses ivresses deviennent mauvaises et brutales,
durent jusqu'à trois jours de rang (p. 330).

Histoire de la maladie : Néanmoins, à 44 ans, il paraît encore
vigoureux (p. 364). Les *troubles digestifs* commencent à peine (p. 378),
mais augmentent rapidement... « L'appétit, lui aussi, était rasé. Peu
à peu, il n'avait plus eu de goût pour le pain, il en était arrivé à
cracher sur le fricot. On aurait pu lui servir la ratatouille la mieux
accommodée, son estomac se barrait, ses dents molles refusaient de
mâcher. Pour se soutenir, il lui fallait sa chopine d'eau-de-vie par
jour ; c'était sa ration, son manger et son boire, la seule nourriture
qu'il digérât » (p. 430).

---

(1) *Chronique médicale,* 15 nov. 1897, p. 679.
(2) E. Zola, l'*Assommoir.* Fasquelle, édit., 1898.

Ségalen   5

Le *tremblement spécifique* apparaît. « Il tendait furieusement ses muscles, il empoignait son verre, pariait de le tenir immobile, comme au bout d'une main de marbre; mais le verre, malgré son effort, dansait le chahut, sautait à droite, sautait à gauche, avec un petit tremblement pressé et régulier » (p. 431).

A 46 ans, une première attaque de *delirium,* compliquant une « fluxion de poitrine » (p. 432). « Oh! un déménagement complet, des idées de se casser la tête contre le mur, des hurlements qui empêchaient les autres malades de dormir » (p. 433).

Série de rechutes. « En trois ans, il entra .... sept fois à Sainte-Anne ». Il maigrit, se voûte, la *pituite* augmente (p. 498). Les *douleurs et paralysies* alcooliques apparaissent. « Tout d'un coup, des douleurs aiguës le prenaient dans les bras et dans les jambes; il pâlissait, il était obligé de s'asseoir, et restait sur une chaise hébété pendant des heures entières; même, après une de ses crises, il avait gardé son bras paralysé tout un jour » (p. 500).

Un beau jour, tentative de suicide à la suite d'hallucinations. « Il paraît qu'on avait repêché Coupeau au Pont-Neuf; il s'était élancé par dessus le parapet, en croyant voir un homme barbu qui lui barrait le chemin » (p. 548).

On le porte une dernière fois à Sainte-Anne.

ÉTAT ACTUEL. — *Attaque de delirium :* « Il buttait contre la fenêtre, s'en retournait à reculons, les bras marquant la mesure, secouant les mains, comme s'il avait voulu se les casser et les envoyer à la figure du monde » (p. 549).

Tremblement alcoolique partant des membres et envahissant le tronc : « Ce jour-là, les jambes sautaient à leur tour, le tremblement était descendu des mains dans les pieds; un vrai polichinelle dont on aurait tiré les fils, rigolant des membres, le tronc raide comme du bois. Le mal gagnait petit à petit. On aurait dit une musique sous la peau. Ça partait toutes les trois ou quatre secondes, roulait un instant; puis ça s'arrêtait et ça reprenait, juste le petit frisson qui secoue les chiens perdus, quand ils ont froid l'hiver, sous une porte » (p. 555).

Zoopsies : « Tout d'un coup il cria : Oh! les rats, v'là les rats, à cette heure ». « Ces sales animaux grossissaient, sautaient sur le matelas où ils s'évaporaient. Il y avait aussi un singe, qui sortaît du mur, qui rentrait dans le mur, en s'approchant chaque fois si près de lui, qu'il reculait, de peur d'avoir le nez croqué » (p. 557).

Hallucinations auditives et visuelles : « Oui, sonnez les cloches, tas de corbeaux ! jouez de l'orgue pour m'empêcher d'appeler la garde. Et ils ont mis une machine derrière le mur, ces racailles ! Je l'entends bien, elle ronfle, ils vont nous faire sauter. On crie au feu ! voilà que çà flambe. Oh ! çà s'éclaire, çà s'éclaire ! Tout le ciel brûle, des feux rouges, des feux verts, des feux jaunes... A moi, au secours ! au feu ! » (p. 557).

Délire professionnel : « Gervaise comprit qu'il s'imaginait être sur un toit en train de poser des plaques de zinc. Il faisait le soufflet avec sa bouche, il remuait des fers dans le réchaud, se mettait à genoux, pour passer le pouce sur les bords du paillasson, en croyant qu'il le soudait » (p. 560).

Meurt dans le *coma alcoolique :* « Tout d'un coup, les pieds se raidirent, immobiles. Alors, l'interne se tourna vers Gervaise en disant : « Ça y est ».

» La mort seule avait arrêté les pieds » (p. 565).

Il peut être curieux, comme corollaire de l'observation précédente, de relever quelques-unes des sources auxquelles s'adressa M. Zola. Pour éviter tout reportage ou indiscrétion, nous nous en tiendrons strictement à ses publiques affirmations.

« Pour la partie historique de la *Fortune des Rougon* écrit-il à la suite de la déclaration précitée (1), je me suis adressé au livre de Ténot sur les événements tragiques qui se passèrent dans le Var, en décembre 1851 ; et je me souviens que ce fut Jules Ferry qui me fournit les notes dont j'avais besoin pour faire vivre dans la *Curée*, les transformations de Paris du baron Haussmann. Maxime du Camp me fut utile pour le *Ventre de Paris*, mais il était fort incomplet ; je dus moi-même fouiller dans les paperasses des administrations. Et pour la *Faute de*

____

(1) Émile Zola, *Nouvelle campagne*, p. 250 s.

l'abbé Mouret, quelles recherches parmi les mystiques Espa-
gnols, quel emploi quotidien du *Cérémonial des paroisses de
campagne,* quelle étude de la messe dans des ouvrages en latin,
que j'avais eu toutes les peines du monde à me procurer!... »

Et la liste continue; nous l'abrègerons pour ne signaler que
les références médicales. L'une des plus efficaces fut pour
M. Zola l'intimité de M. le Dr Maurice de Fleury. « Aussi quel
soulagement — ajoute-t-il avec un soupir qui remercie —, lorsque je pus clore la série (1), par le *Docteur Pascal,* pour lequel
mon bon ami, le Dr Maurice de Fleury, m'a bâti de toutes pièces
le rêve de haute conception médicale que je désirais y mettre! (2). Avec lui — dit-il encore au Dr Cabanès —, je suis allé
trouver, rue de Charonne, un aliéniste distingué, le Dr Motet —
est-ce bien ce nom-là? — qui nous a assuré que le cas de tante
Dide était tout au moins vraisemblable. Sans doute, j'ai outré
un peu les choses, mais comme je ne visais qu'à la ressemblance, qu'à l'*effet dramatique, cela* me suffisait » [*sic*] (3).

Cela suffisait donc à M. Zola. Cette simple affirmation ne le
justifie pas. Sans doute, en ses *transcriptions* médico-littéraires
et en particulier dans l'observation citée plus haut, il a fait
œuvre habile et cohérente. Nous le reconnaissons volontiers. Il
a très *artistement* traduit son modèle clinique. Sa peinture est
copie, un peu grosse sans doute, mais honorable et de suffisante
tenue scientifique. C'est qu'elle n'embrasse que des *faits,* ne
côtoie aucune explication et surtout ne comporte aucune tentative expérimentale!

Car ce fut la double erreur de M. Zola, que de vouloir *expli-
quer,* et même *expérimenter :* erreur scientifique, erreur littéraire. Un écrivain est maître des *Faits.* Mais souvent la *Théorie*
lui échappe; soit qu'elle lui reste inassimilée, soit qu'elle demeure vraiment réfractaire à toute tentative artistique.

Dans l'exemple suivant, c'est la première hypothèse que nous

______

(1) Des Rougon-Macquart.
(2) Emile Zola, *Nouvelle Campagne.*
(3) *Chronique médicale,* 15 nov. 1895, p. 674 à 680.

adopterons : la théorie moderne de l'hérédité, même aux époques lointaines où M. Zola entreprit la série des Rougon-Macquart, était déjà puissante ; très nébuleuse encore, mais susceptible d'application dramatique. Au fond, n'est-elle pas, cette théorie, la descendante-actuelle du Fatum antique et du Péché Originel ? *OEdipe-Roi* et le *Paradis perdu* en étaient déjà magnifiquement imprégnées. Pourquoi devient-elle, en certaines pages du *Docteur Pascal*, indigeste et verbeuse ? Ce n'est pas non plus faute de recours aux sources. Nous savons combien elles furent ingénieuses (1) ; nous croyons simplement que l'assimilation en fut insuffisante : M. Zola absorba des *mots* et les rendit intacts :

« Problème ardu (médite le docteur Pascal), et dont il remaniait la solution depuis des années. Il était parti du principe d'invention et du principe d'imitation : l'hérédité ou reproduction des êtres sous l'empire des semblables, l'innéité ou reproduction des êtres sous l'empire des divers. Pour l'hérédité, il n'avait admis que quatre cas : l'hérédité directe, représentation des collatéraux, oncles et tantes, cousins et cousines ; l'hérédité en retour, représentation des ascendants, à une ou plusieurs générations de distance ; enfin l'hérédité d'influence, représentation des conjoints antérieurs... Quant à l'innéité, elle était l'être nouveau, ou qui paraît tel, et chez qui se confondent les caractères physiques et moraux des parents, sans que rien d'eux semble s'y retrouver.

... » Il était allé des gemmules de Darwin, de sa pangénèse, à la périgénèse de Hœckel, en passant par les stirpes de Galton. Puis, il avait eu l'intuition de la théorie que Weissmann devait faire triompher plus tard, il s'était arrêté à l'idée d'une substance extrêmement fine et complexe, le plasma germinatif, dont

---

(1) Ce fut d'abord : « Le gros bouquin de Lucas sur « l'Hérédité naturelle » comme Zola l'indiqua lui-même au Dr Cabanès. Mais il abandonna ce traité « bien démodé aujourd'hui » et consulta le Dr Pouchet, un Rouennais qu'il avait connu chez Flaubert, s'inspira ensuite de la thèse d'agrégation du Dr Déjerine et des travaux de Weissmann. (*Chronique médicale*, 15 nov. 1895, p. 677). C'est de ces origines très respectables, complétées par la très fine érudition du Dr Maurice de Fleury, qu'il tira les vingt volumes en question.

une partie reste toujours en réserve dans chaque nouvel être pour qu'elle soit ainsi transmise, invariable, immuable, de génération en génération » (1).

Il est impossible d'accorder à ces deux paragraphes un intérêt supérieur à celui d'un manuel désuet et vieillot. M. Zola ne pouvait certes pas, en matière d'atavisme, prophétiser et devancer la science; il eut, croyons-nous, le tort littéraire de vouloir la suivre sur ce terrain mouvant encore, et de s'y enliser.

Mais l'érudition ne suffit même pas à l'ampleur de vues de M. Zola. Les frères de Goncourt avaient, à leur actif, un mot superbe et total : le *Document humain*. M. Zola voulut être père d'une autre expression typique, et il lança le mot de *Roman expérimental*. Ce fut un mot malheureux.

Sainte-Beuve en était, en réalité, l'aïeul. Il donnait déjà ses études biologiques pour une « *séries d'expériences* » formant « un long cours de physiologie morale ». Ainsi M. Zola conçut la formule naturaliste comme une « méthode scientifique appliquée aux lettres ».

« On a plusieurs fois montré, observe justement le Dr Cabanès, ce qu'a d'artificieux cette théorie. Autant l'œuvre du savant est impersonnelle, autant celle du littérateur emprunte de valeur à sa personnalité. Le savant s'efface devant l'expérience, laissant agir les seules forces naturelles, il ne réapparaît que pour en constater les résultats. Le romancier, au contraire, doit tout imaginer, l'expérience elle-même aussi bien que ses conséquences. D'un côté, un fait réel, dûment constatable; de l'autre, hypothèse pure » (2).

A ces objections, M. Zola répondit simplement qu'il n'était pas un savant, mais un romancier, un artiste (3). Peut-être a-t-il, quant à l'essence réelle de son esprit, pleinement raison, et reste-t-il le plus souvent, même au milieu de son laboratoire littéraire, un véritable *poète épique* (4).

<hr>

(1) Emile Zola, *Le docteur Pascal*, édit. prim., p. 37-38.
(2) *Chron. médicale*, 15 nov. 1895.
(3) *Ibid.*, p. 680.
(4) Jules Lemaître, *Les contemporains.*

A ce titre, il serait ingénieux de considérer l'intrusion de la science, en son œuvre, comme un *merveilleux* d'un nouveau genre, le *merveilleux scientifique,* et de ne pas tenir autre compte de ses velléités d'expérimentateur.

⁎

M. Hector Malot, en revanche, ne peut invoquer aucun alibi littéraire, ni tenter d'excuser la faiblesse de ses conceptions scientifiques en se retranchant derrière des qualités d'écrivain qui ne s'imposent réellement pas. Comme Zola, il fut tenté par la richesse de l'érudition médicale. Mais alors que Zola y abondait en sincère et truculent artiste, M. Malot s'en réclamait comme d'un moyen de commerce fructueux. Il n'en évita, dès lors, aucun des écueils : et d'abord le danger de voir ses écrits vieillir en même temps que les formes dont ils procédaient :

« Dans le roman *En famille*, disait-il un peu amèrement au D* Cabanès (1), j'ai eu à guérir un aveugle ; j'ai lu l'article qui se rapportait à la maladie que je voulais traiter dans le *Dictionnaire de Jaccoud*. Je fais lire ce passage au D* Aviragnet, qui est un de mes amis, un garçon distingué autant qu'aimable. Aviragnet se récuse et m'engage à recourir à un spécialiste. Or le spécialiste a trouvé que mon récit fourmillait d'erreurs. Eh bien, savez-vous quel était l'auteur de l'étude qui m'avait servi de modèle ? Le professeur Panas, un maître en ophthalmologie : que voulez-vous ? La science avait marché depuis » !

Second écueil : l'allure aisément pédante. Le *Mari de Charlotte*, entre quantité d'autres manuels, pourrait servir d'encyclopédie médicale (2). L'auteur « y paye d'abord un tribut aux sciences accessoires, commence par la géographie physique et la climatologie ». Très érudit en botanique, il expose les particularités de « végétation de l'*Arundinaria falcata,* du *Cordylene indivisa*, de l'*Helichrysum orientale* ». Il semble suivre, avec le

---

(1) *Chronique médicale,* 15 octobre 1896, p. 616.
(2) V. *Chronique médicale, ib.*, p. 620 à 627.

soin d'un scrupuleux étudiant, les programmes usuels. Il s'arrête un instant à l'anthropologie préhistorique, disserte sur les mégalithes, effleure l'anatomie, la physiologie, définit, en passant, l'amour avec des grâces lourdes, parvient à la pathologie et s'y multiplie. Après un tableau complet et très honnête de « fièvre cérébrale » il s'éternise en la description non moins étendue d'une pleurésie; « nous promène pendant trois ou quatre septénaires, au bout desquels l'affection passe de l'état aigu à l'état chronique, et finit par conduire la malade au tombeau. Nous sommes bien heureux vraiment que, à la suite d'une observation si détaillée, l'auteur n'ait pas ajouté un chapitre d'histologie, et nous ai fait grâce de l'autopsie » (1). Tout cela n'est qu'un prélude. Le drame clinique essentiel du roman c'est la folie d'Emmanuel, le mari de Charlotte.

Et voici le troisième écueil, *défaut d'assimilation :* Pour dépeindre la marche de la psychose, M. Malot a traité avec une minutieuse exactitude beaucoup des détails accessoires de sa mise en scène. « Mais là n'est pas la question importante ; elle est tout entière de savoir s'il a fidèlement représenté un véritable aliéné, et ici la réponse doit être négative. Il a eu beau emprunter à ce qu'il a vu ou à ce qu'il a lu bien des traits exacts en eux-mêmes, ces traits rapprochés les uns des autres ne font pas un tout réel ; sans doute, chacun d'eux peut être observé isolément dans la réalité, mais leur réunion est disparate et choquante.

» Un seul exemple fera comprendre la nature du reproche que nous sommes en droit de faire à M. Malot.

» Lorsque Emmanuel a dû être placé dans une maison de santé, sa maladie présentait, nous l'avons dit plus haut, le caractère de la mélancolie avec prédominance d'hallucinations, c'est-à-dire l'une des formes de délire les plus constantes, invariables, cristallisées, a-t-on pu dire. Eh bien ! quand il se trouve, au bout de six semaines, en présence de sa femme, il ne la reconnaît seulement pas. « Il vint à elle cérémonieusement, et la saluant

---

(1) *Ibid.*

» avec toutes les marques du respect : on m'assure, princesse,
» que vous voulez me voir, dit-il, me voici à vos ordres ». Puis,
sans se préoccuper de savoir à qui il s'adresse, il se pose en
inventeur et se met à débiter avec emphase le boniment amphi-
gourique d'une encre merveilleuse qui se décolore peu à peu et
permet, au bout de huit jours, de considérer comme non ave-
nues les promesses que l'on a solennellement signées ; il donne
ensuite à sa femme une sorte de leçon allégorique, dans le genre
de celle qu'Hamlet donne, devant la cour de Danemark, à la
reine coupable du meurtre de son mari, et enfin, sans attendre
de réponse, il salue et rentre rapidement dans sa chambre.

» Nous ne savons quelle impression une pareille exhibition
peut produire sur la masse des lecteurs, mais nous pouvons
affirmer à M. Malot, qui tient tant cependant à montrer les hommes et les choses avec tous les caractères de la fidélité réaliste,
que le prétendu aliéné qu'il met ainsi en scène n'a jamais existé
et ne *répond à aucun type connu.*

» Sans doute, il y a des fous qui éprouvent des hallucinations
terrifiantes et du délire de persécutions ; ce sont des lypémania-
ques.

» Sans doute, il y en a chez lesquels la mémoire et toutes les
facultés sont tellement abolies qu'ils ne peuvent plus reconnaître même les personnes qu'ils ont le mieux connues et le mieux
aimés, ce sont les déments.

» Sans doute enfin, il y en a qui sont disposés à accorder au
premier venu des titres illustres et qui se croient complaisam-
ment les auteurs des inventions les plus merveilleuses ; ce sont
des gens affectés de paralysie générale.

» Mais si chacun de ces symptômes existe isolément, jamais
ils ne coexistent et personne n'a été admis à observer au même
moment, pour un même malade, les symptômes réunis de la
lypémanie partielle, de la démence et de la paralysie générale.
A force de vouloir trop prouver, l'auteur finit par ne rien prouver du tout, si ce n'est sa parfaite incompétence en clinique mentale. Chose bien remarquable et qui à elle seule ferait reconnaître
la fiction, le romancier est venu échouer sur le même écueil que

les simulateurs ; eux aussi, afin de faire mieux croire qu'ils sont fous, multiplient les extravagances de toutes sortes dans leurs propos et dans leurs actes, sans se douter qu'ils se rendent coupables de *dissonnances* révélatrices et qu'il leur suffit d'afficher, au même moment, des formes de folie qui, chez les vrais malades, s'excluent mutuellement, pour montrer que chez eux la folie n'existe pas. Dans les deux cas, l'inexpérience est la même ; aussi le résultat est-il également inexact et ridicule ».

« ... En s'arrêtant à chaque instant, dans le cours de son roman, pour se livrer à des dissertations pseudo-scientifiques, M. Malot nous rappelle invinciblement Sganarelle devant la famille de sa cliente : « Vous n'entendez point le latin? — Non. » — *Cabricias arcithuram, catalanus, singulariter...* » Mais Sganarelle a, du moins, une excellente excuse ; c'est qu'on le fait médecin malgré lui, tandis que rien ne forçait M. Malot à s'occuper de médecine... » (1).

Nous avons volontiers tout au long transcrit ce commentaire de l'œuvre de M. Malot, car il nous ramenait par un curieux hasard, au début même de notre actuelle étude, à cette observation *involontaire* et géniale, le « cas Hamlet ». Nous avons ainsi nos deux termes extrêmes : l'observation vivante, directe du vieux Shakespeare, inconscient de la beauté clinique de son drame — et la pénible érudition avec son cortège d'erreurs et de tares essentielles, aboutissant, en une situation analogue, à une parfaite incohérence des symptômes décrits. On pourrait descendre plus bas encore, montrer combien certains romans — et des plus accueillis du public — restent de malhonnêtes démarquages à peine remaniés, de traités classiques.

Nous préférons nous en être tenu à l'analyse des œuvres *sincères,* comme susceptibles seules d'être, à leur tour, *sincèrement* commentées.

____

(1) *Chronique médicale,* 15 oct. 1896, p. 620 à 627.

CHAPITRE V

Le *mot* — est-il admis — reste distinct de l'*idée* qu'il enferme.
Il lui est souvent supérieur. En tout cas, il a sa personnalité
comme sa valeur scientifique propres (1). Il est donc loisible de
le considérer un instant à l'état isolé, en une sorte de monographie des termes médicaux utilisés par les écrivains précé-
dents. Nous savons de quelle triple origine les naturalistes
durent extraire les matériaux premiers de leurs observations.
Nous allons épiloguer maintenant sur le revêtement verbal dont
ils enrobèrent ces matériaux.

Une telle étude pourrait être double : valeur esthétique du
vocabulaire médical — exactitude des termes employés. Cette
dernière donnée, négligeable chez tous les écrivains qui ne
furent qu' « hommes de lettres », prend ici une importance
première. Dès le début, en effet, les naturalistes prétendirent
faire œuvre de savants et le clamèrent bien haut. Nous réser-
verons donc le côté purement littéraire de l'étude pour n'envi-

---

(1) V. Rémy de Gourmont, *Esthétique de la langue française*, p. 14.

sager que les qualités de *précision* technique propres au vocabulaire de chacun de nos artistes.

Ecartons dès l'abord une possible confusion.

Exactitude n'est pas, en matière de langue médicale, synonyme obligé de néologisme. Un mot peut être rigoureusement doctoral sans être affligé d'une désinence grecque, sans affecter des allures d'étiquette pharmaceutique, sans exhaler des relents d'hôpitaux. Sans doute, les Revues spéciales se panachent de plus en plus de vocables étranges, composites, bâtards, et d'une synonymie désespérément compliquée.

« Les médecins de Molière parlaient latin », remarque finement Rémy de Gourmont en sa lumineuse « Esthétique de la langue française » (1), « les nôtres parlent grec. C'est une ruse qui augmente plutôt leur prestige que leur science. Ils commencèrent à user sérieusement de ce stratagème au xviii° siècle ; du moins ne voit-on, avant cette époque, même dans Furetière, que peu de termes médicaux tirés du grec. Peu à peu, ils se mirent à divaguer dans une langue qu'ils croyaient celle d'Hippocrate et qui n'est qu'un jargon d'officine... Ce fut un grand progrès d'avoir appelé *hystérotomotocie* l'opération césarienne, *scolopomachérion* le bec de bécasse, et *méningophylax* un couteau à pointe mousse pour la chirurgie de la tête !

» Les médecins modernes n'ont presque rien inventé de plus absurde, mais ils ont inventé davantage et renouvelé à la fois leur science et l'art d'en voiler la faiblesse... »

« Les médecins, dit avec sagesse M. Brissaud (2), sont coupables de conserver et surtout d'inventer des formes bâtardes, métissées de grec et de latin, dans les cas où le fond de notre langue suffirait amplement ». Et il cite le mot excellent de *cailloute,* nom d'une phtisie particulière aux casseurs de *cailloux*

---

(1) 2° édit. du *Mercure de France*, p. 36, 38, 39.
(2) Dr Brissaud, *Histoire des expressions populaires relatives à la médecine*, 1888.

ou provoquée par des poussières minérales; les *nosographes*, le trouvant trop clair et trop français l'ont biffé pour écrire *pneumochalicose*.

Trousseau, dès le milieu du siècle, avait signalé l'abus de cette méthode qui torture la langue grecque et entasse les savants solécismes. « On parle, ajoutait-il, et l'on écrit, en général, pour être compris et les mots qui s'appliquent nettement et exclusivement à la chose qu'on veut désigner sont nettement les meilleurs » (1).

« Il ne s'agit pas, développe encore Rémy de Gourmont en l'ouvrage précité, il ne s'agit pas de bannir les termes techniques, il s'agit de ne pas traduire en grec les mots légitimes de la langue française et de ne pas appeler *céphalalgie* le *mal de tête* » (2).

... « Rien ne se fane plus vite dans une langue que les mots sans racine vivante : ils sont des corps étrangers que l'organisme rejette, chaque fois qu'il en a le pouvoir, à moins qu'il ne parvienne à se les assimiler... Déjà les médecins qui ont de l'esprit n'osent plus guère appeler *carpe* le *poignet,* ni décrire une écorchure au pouce en termes destinés sans doute à rehausser l'état de duelliste, mais aussi à ridiculiser l'état de chirurgien » (3).

***

L'outrance de la terminologie technique est d'ailleurs aussi néfaste à la littérature médicale qu'opposée aux tendances d'*impersonnalité* chères aux naturalistes. Certains d'entre ces verbes techniques qui s'efforcent d'englober toute une théorie sous leurs syllabes barbares, ne valent qu'en raison de la théorie elle-même. « Croyez bien, dit encore Trousseau, que ces nomenclatures, dont le ridicule n'est pas le moindre défaut, ne valent

---

(1) Trousseau, *Cliniques médicales de l'Hôtel-Dieu*, 1865, *Introduction,* xxviii. Il visait surtout son confrère Piorry, auteur d'une nomenclature des plus complètes.
(2) R. de Gourmont, in *op. cit.*, p. 32.
(3) *Ibidem*, p. 41.

guère la peine qu'on en salisse sa mémoire, et que jamais des médecins sérieux ne daigneront s'en servir, autant par respect pour la philologie que dans l'intérêt véritable du progrès de notre art » (1).

Flaubert a judicieusement évité ce défaut. Il réussit à peindre — et au vif — une intoxication par l'arsenic, un cas d'asphyxie croupale, le tout sans paraître savoir qu'il existât des modes techniques de traiter ses tableaux. Pourtant, si bien apparenté, il était proche de cette documentation verbale que d'autres ont si malheureusement confondue avec la documentation verbeuse, le verbiage professionnel. Délibérément donc il écarta de ses descriptions le terme savant, taré pour lui de partialité scientifique, souvent insuffisant sous une allure pédante, pour lui substituer le verbe impersonnel et vrai. Il décrivit, non des maladies, mais des malades. Il retint le symptôme, le présenta sans souci d'étiquette. Il fut, en cela, véritablement *clinicien*.

Pourtant, multiples et variés se dénombrent en son œuvre les termes purement et même pompeusement médicaux. Mais ils n'y sont point, au hasard, semés; toujours ils paraissent en des endroits d'érudition factice; c'est-à-dire quand l'entrée ou le discours d'un personnage pédant lui-même, les excuse, les nécessite. Ainsi, ils ne surviennent, en l'épisodique empoisonnement de Mme Bovary, qu'au moment de la discussion médicale qui suit l'incident, alors que MM. Homais, pharmacien, Canivet, chirurgien, et Larivière, docteur, se consultent et ergotent, doctement. Ils sont justifiés également dans les préparatifs de Charles Bovary avant la ténotomie célèbre. « Or, puisque c'était un équin, il fallait couper le tendon d'Achille, quitte à s'en prendre plus tard au muscle tibial antérieur, pour se débarrasser du varus » (2).

Ainsi procédèrent très judicieusement les frères de Goncourt. Ils ne hasardent le terme technique que lorsque le milieu, l'at-

---

(1) Trousseau, in *op. cit.*
(2) *Madame Bovary*, édit. Lemerre, II, p. 18.

mosphère où ils placent leurs personnages dolents, l'appelle et l'exige. Alors le mot arrive, sans discord, exact et simple « Encéphaloïde lardacé du sein droit » (1), « steppage » de l'ataxique (2). Cette mesure fut chez eux comme chez Flaubert acquise au prix de véridiques souffrances. Ils furent toujours les torturés du verbe et n'atteignirent cette admirable sobriété qu'à force d'énergie et de luttes.

Daudet, au contraire, y parvint en se jouant, et par une spirituelle intuition de la note juste : La consultation du Dr Bouchereau (*Les Rois en exil*), le diagnostic chuchoté dans la scène finale de *Jack,* ou l'on perçoit en murmures « cavernes... râles sibilants... », surtout cette poignante *Visite à la Salpêtrière* que Charcot, pour la netteté du vocabulaire, aurait pu signer, tout cela est authentique, rigoureux et juste.

Avec Huysmans s'accentue et se perfectionne la langue médico-littéraire. Les termes spéciaux — parfois très finement spécieux — abondent dans son œuvre totale et donnent à son verbe une truculence et une saveur non pareilles.

Leur emploi systématique ressort chez lui, nous semble-t-il, de deux procédés. Ou bien il fait œuvre clinique, décrit un symptôme, les crises d'ataxie de « *En Rade* », le cortège neurasthénique de « *A Rebours* ». Et alors les mots vrais, descriptifs, se pressent ; à ce point qu'une première question s'impose : Huysmans a-t-il fait des études médicales ? « Jamais, nous a-t-il très bienveillamment affirmé lui-même, bien que toujours curieux des choses de la médecine et profondément attiré par l'intensité de leur notion ».

Ou bien il use des termes techniques comme d'un véritable *procédé littéraire,* dont voici, chez lui, le personnel mécanisme : dans sa jalousie de prodigieux orfèvre et ouvrier d'art, il horrifie par dessus tout la banalité du mot, expulse violemment de son répertoire les clichés ressassés, les figures redites, les termes éculés. Il s'adresse alors, pour y suppléer, aux comparai-

---

(1) *Sœur Philomène.*
(2) *La Faustin.*

sons techniques, aux métaphores scientifico-littéraires, à l'argot de toutes les professions. Puis, la stricte synonymie ne lui suffisant plus, il a recours à la féconde *Analogie,* dont un curieux manuel, le « *Dictionnaire des analogies* » put d'ailleurs lui faciliter l'usage (1). L'étude détaillée de cette « écriture » et de sa particulière beauté sera plus à sa place dans notre prochaine étude. Nous signalerons pourtant ici la note de pittoresque et de vérité historique qu'il a su donner à chacune de ses métaphores médicales. Du plus pur modernisme quand il peint l'ataxique de nos jours (2) ou formule le dernier mode de traitement de la neurasthénie (3), il redevient justement médiéval et surabonde en archaïsmes savoureux s'il remonte aux époques passées (4).

* * *

L'usage des termes techniques n'est donc qu'une indication de travail chez Huysmans, *romancier.* Leur proscription à peu près totale devient chez Ibsen, *dramaturge,* nécessité de métier. Ibsen pourtant, avait, comme Flaubert, de personnels souvenirs médicaux. Mais le style de théâtre a ses exigences propres, ses bornes étroites. On ne peut — toute question de censure mise à part — dire et faire dire tout ce que l'on écrit : le même mot qui, *aperçu* avec sa forme propre et son aspect typographique se pardonne ou s'admire, devient vite, *entendu* et défiguré par l'acoustique artificielle de la rampe, insupportable d'invraisemblance ou de pédantisme. — Et cela même lorsqu'il sort d'une bouche autorisée — Les rôles de médecins sont particulièrement délicats à traiter, car ils oscillent forcément entre la terminologie vague des mentalités moyennes, ou le répertoire magistral de l'enseignement technique. M. de Curel, dans sa « *Nouvelle*

---

(1) P. Boissière, *Dictionnaire analogique de la langue française.* Répertoire complet des mots par les idées et des idées par les mots. Paris, Aug. Boyer, édit., 49, rue Saint-André-des-Arts.

(2) *En Rade.*

(3) *A Rebours.*

(4) *Vie de Sainte Lydwine.*

Idole » a très heureusement échappé à l'un et à l'autre de ces défauts scéniques. M. Brieux, quoique — et peut-être parceque — traitant un sujet plus médical encore (1), les a délibérément proscrits, ces mots dangereux et, « bien que fort renseigné sur le sujet dont il parle, n'a pas adopté absolument les termes spéciaux, le style particulier du traité de pathologie » (2) ; délibérément, disons-nous, et nous récusons la suite du commentaire : « on dirait presque que c'est à son insu et qu'il les aurait employés s'ils lui étaient venus sous la plume » (3).

Ils lui sont venus à la plume comme ils lui viennent aux lèvres, abondants et précis, ces termes spéciaux. Ils les a délibérément évincés, et cela, dès l'*Evasion,* dont le sujet, l'Hérédité maîtresse, eût pleinement toléré de documentaires et techniques tirades.

A vrai dire, ces termes précis, épineux à la scène, y sont peu nécessaires, suppléables souvent par le *Geste,* autre genre d'expression scientifique.

« J'eus soin, lors des répétitions de l'*Evasion,* nous expliqua très bienveillamment M. Brieux, d'indiquer moi-même, à mon acteur, le geste caractéristique des « angoreux » et lui recommandai de porter la main à la poitrine au moment des crises ». C'était son droit. Une ressemblance malheureuse complétée par le maquillage maladroit de l'acteur en question, le fit incriminer d'avoir visé Charcot (d'autres disent Gilles de la Tourette). On parla de cynisme et M. le Dr Prieur conclut dans le *Mercure de France :* « Je crois même que ce dernier mot est insuffisant quand on se souvient qu'à la répétition générale le professeur Bertry, ce guignol incohérent, qu'un accès d'angine de poitrine venait frapper au dernier acte, avait pris la tête et les gestes de Charcot que l'angine de poitrine avait frappé à mort, une nuit

---

(1) Brieux, *Les avariés.*

(2) Dr Albert Prieur, *La science et le théâtre, de l'Evasion aux Avariés, Mercure de France,* décembre 1901, p. 667.

(3) *Ibidem.*

de voyage, dans une auberge de province, peu de temps auparavant... » (1).

Outre une erreur de diagnostic (car Charcot succomba à une insuffisance aortique dûment constatée par les professeurs Strauss et Debove qui assistèrent à son agonie) (2), nous pouvons signaler que M. Brieux, par les recommandations précitées, ne voulut faire œuvre que de metteur en scène et qu'il fut à ce geste incriminé, *logiquement amené* par sa sincérité et sa conscience de dramaturge.

Moins précis en ses indications scéniques, il eût couru le risque de voir éluder ou transformer sa pensée. Ainsi croyons-nous qu'il arriva lors d'une représentation donnée à Bordeaux des *Revenants*, d'Ibsen : le rôle d'*Oswald*, qui ne comporte de la part de l'auteur aucun indice de diagnostic volontaire, nous paraît relever des troubles de la paralysie générale, pour l'issue, et plus simplement d'un d'éthylisme banal pour son entrée au deuxième acte. Or l'acteur, en son zèle de vérité médicale, crut devoir traduire l'un et l'autre par le tremblement intentionnel de la sclérose en plaque. L'effet scénique était puissant mais peu exact.

---

(1) D'Albert, Albert Prieur, *La science et le théâtre*, *Mercure* de décembre 1901, p. 602.

(2) Voir *Chronique médicale*, 1er janvier 1901, p. 9.

CONCLUSIONS

1° Une école littéraire qui se réclame des procédés d'investigation scientifique — et en particulier de l'observation médicale — tombe sous le coup d'une *expertise médico-littéraire*.

Cette expertise, tentée par nous sur l'école naturaliste, a donné les résultats suivants :

I. L'*impassibilité* des naturalistes est loin d'être absolue, comme l' « insensibilité médicale », d'ailleurs.

Elle est plutôt *impartialité*.

II. Les modes d'*investigation médicale* usités par les naturalistes sont au nombre de trois :

α. *Observation objective*,

β. *Observation subjective*,

Toutes deux directes, immédiates, véritablement documentaires.

γ. *Documentation indirecte*,

Plus vaste, trop souvent compilation et démarquage.

Il ne peut être question d'*expérimentation*.

III. Le *vocabulaire* des naturalistes possède les qualités de *précision*, de *clarté*, exigibles d'un langage scientifique.

2° De tels éléments font, des *observations naturalistes*, de véritables documents cliniques, susceptibles d'être réduits en obser-

vations médicales et de donner matière à une discussion dia-
gnostique.

3° Nous croyons pouvoir grouper ces qualités d'*impartialité,*
de *véracité,* de *précision,* sous un même vocable, et dénommer
les naturalistes d'authentiques *cliniciens ès-lettres.*

Vu bon a imprimer :
Le Président de la thèse.
G. MORACHE.

Vu : *Le Doyen,*
B. DE NABIAS.

Vu et permis d'imprimer :
Bordeaux, le 12 janvier 1902.
Le Recteur de l'Académie,
G. BIZOS.

INDEX BIBLIOGRAPHIQUE

La chronique médicale. — Revue bi-mensuelle de médecine historique, littéraire et anecdotique. — Dr Cabanès, directeur-rédacteur en chef.

FLEURY (Dr Maurice DE). — *Introduction à la médecine de l'esprit.* Alcan, édit., 1898.

DUCAMP (D^r) (professeur à Montpellier). — L'Idée médicale dans le roman naturaliste. Discours d'inauguration de l'Université de Montpellier, prononcé le 5 décembre 1896. In *Le nouveau Montpellier médical,* 1897, p. 121.

BURLAT (D^r). — *Le roman médical.* Thèse de Montpellier, 1898.

TROUSSEAU. — *Cliniques médicales de l'Hôtel-Dieu,* 1865 (introduction).

RÉGIS (Dr E.) (agrégé de la Faculté de Bordeaux). — *Le personnage d'Hamlet et son interprétation par Mme Sarah Bernhardt.* Bordeaux, 1899.

NORDAU (Max). — *Dégénérescence.*

* *

FLAUBERT (Gustave). — *Correspondance* (passim). Fasquelle, éditeur, 1894.

GONCOURT (Edm. et J. DE). — *Germinie Lacerteux,* 1864 (préface).

GONCOURT (Edm. DE). — *La fille Elisa,* 1877 (préface).

HUYMANS (J.-K.). — *A Rebours.* Stock, édit., 1898.

— *En rade.* Stock, édit., 1898.

GOURMONT (Rémy DE). — *Esthétique de la langue française.* Société du Mercure de France.

HENNEQUIN (Maurice). — *Quelques écrivains français.*

ZOLA (Emile). — *L'assommoir.* Fasquelle, édit., 1898.

— *Le docteur Pascal.* Fasquelle, édit., 1898.

— *Nouvelle campagne.* Fasquelle, édit., 1896.

25,319. — Bordeaux, Imprimerie Y. Cadoret, 17, rue Poquelin-Molière.

9 782013 467834